A EMPRESA GORDA

A EMPRESA GORDA

Os segredos para a pôr em forma

Andris A. Zoltners
Prabha K. Sinha
Stuart J. Murphy

ACTUAL

TÍTULO ORIGINAL
The Fat Firm

Copyright © 1997 por Andris A. Zoltners, Prabha K.Sinha e Stuart J. Murphy

AUTORES
S. Murphy, A. Zoltners, P. K. Sinha

ILUSTRAÇÕES
Renée Williams-Andriani

Direitos reservados para todos os países de língua portuguesa por

CONJUNTURA ACTUAL EDITORA
Sede: Rua Fernandes Tomás, 76-80, 3000-167 Coimbra
Delegação: Avenida Fontes Pereira de Melo, 31 – 3.º C – 1050-117 Lisboa – Portugal
www.actualeditora.pt

TRADUÇÃO E REVISÃO TÉCNICA
Miguel Pina e Cunha e Ana Regina Marcelino

DESIGN DE CAPA
FBA.

PAGINAÇÃO

IMPRESSÃO E ACABAMENTO
ACD Print, S.A.
Agosto, 2018

DEPÓSITO LEGAL
438672/18

Toda a reprodução desta obra, por fotocópia ou outro qualquer processo, sem prévia autorização escrita do Editor, é ilícita e passível de procedimento judicial contra o infrator.

BIBLIOTECA NACIONAL DE PORTUGAL – CATALOGAÇÃO NA PUBLICAÇÃO

ZOLTNERS, Andris A., e outros

A empresa gorda: os segredos para a pôr em forma / Andris A. Zoltners, Prabha K. Sinha, Stuart J. Murphy. - (Fora de colecção)
ISBN 978-989-694-249-6

I – SINHA, Prabha K.
II – MURPHY, Stuart J.

CDU 005

Para Greg, Jennifer, Angela e Pat
A cuja amizade dou imenso valor.
– A. A. Z.

Às mulheres da minha família:
Anita, Pria, Meera e à minha Mãe, pela alegria e pelo riso.
– P. K. S.

Para Nancy, Randy e Maureen, e para Kristin,
Pelo seu apoio.
– S. J. M.

Para Vince,
Que mantém em boa forma o nosso pequeno e gordo
Canto do mundo.
– R. W. A.

ÍNDICE

PARTE I   **Como engordam as empresas**   **1**
CAPÍTULO 1:   Onde procurar a gordura   6
CAPÍTULO 2:   Como e porque engordam as empresas   20
CAPÍTULO 3:   A dinâmica da empresa gorda   27

PARTE II   **Como as pessoas criam gordura**   **37**
CAPÍTULO 4:   Motivadores   40
CAPÍTULO 5:   Valores e atitudes   71
CAPÍTULO 6:   Capacidades pessoais   88

PARTE III   **A cultura da empresa gorda**   **107**
CAPÍTULO 7:   Os elementos da cultura   111
CAPÍTULO 8:   Os valores da empresa   114
CAPÍTULO 9:   O estilo de trabalho da empresa   138
CAPÍTULO 10: Como as culturas se tornam
e permanecem gordas   153

PARTE IV   **Os processos da empresa gorda**   **157**
CAPÍTULO 11: Ilustração de um processo de admissão   162
CAPÍTULO 12: Os componentes do processo   171
CAPÍTULO 13: Como engordam os processos   203
CAPÍTULO 14: Por que sobrevivem os processos gordos   215

PARTE V   **A empresa em forma**   **221**
CAPÍTULO 15: Mudar as pessoas   231
CAPÍTULO 16: Mudar a cultura   246
CAPÍTULO 17: Mudar os processos   257
CAPÍTULO 18: Mudar a empresa   267

PARTE I
Como engordam as empresas

Toda a gente gosta do êxito. No mundo dos negócios, o êxito é medido pelo crescimento dos proventos e dos rendimentos, pela liderança da quota de mercado e pela satisfação do cliente. Admiramos homens de negócios bem-sucedidos, culturas empresariais de sucesso e processos que resultam em produtos e em serviços de elevada margem e grande inovação.

Além de admirarem os negócios de sucesso, muitos se esforçam para terem êxito e aspiram ao seu alcance. Os responsáveis empresariais pretendem que as suas empresas sejam líderes globais. Os gestores querem que os seus produtos ou as suas responsabilidades funcionais sejam os mais produtivos da empresa. Os acionistas pretendem ver significativamente valorizados os seus investimentos. Os gurus de negócios desejam desenvolver a última teoria da empresa.

Hoje em dia, os homens de negócios sentem cada vez mais pressão para alcançar o êxito. O *downsizing* empurra o trabalho para cada vez menos pessoas. A concorrência intensa reduz as oportunidades de êxito. Os acionistas exigem dividendos elevados dos seus investimentos. Os meios de comunicação acentuam o sucesso e põem a nu os fracassos.

As empresas bem-sucedidas são examinadas minuciosamente, e as suas fórmulas são exaltadas. Procuramos perceber o que determina o êxito, para tentar replicar a fórmula noutras situações. São feitos estudos de casos de negócios e livros que descrevem teorias de gestão, métodos e ferramentas eficazes.

Neste livro, fazemos uma abordagem diferente do sucesso. Sugerimos que é fruto do trabalho árduo. Não existem respostas fáceis. É certo que a empresa será bem-sucedida se implementar estratégias orientadas para o cliente, se inovar constantemente, se atrair, se desenvolver e se retiver pessoas de qualidade superior. Mas, então, porque nem todas as empresas vencem? Porque as fórmulas do sucesso não se aplicam de igual modo em todas as situações. Por vezes, entram em conflito e existem milhões de maneiras de as implementar. Aquilo que resulta na envolvente de mercado de hoje, com os concorrentes atuais, pode não funcionar tão bem amanhã. O mundo é um lugar dinâmico.

Neste livro, celebramos o êxito dos negócios – decidimos chamar-lhe «em forma». Gracejamos sobre os erros de negócio – chamámos-lhes «gordura». Às empresas que cometem muitos erros chamámos «empresas gordas». Pensamos que estar em forma pode ser alcançado através da compreensão das fontes de gordura e pelo desenvolvimento da disciplina, no sentido da sua erradicação constante.

A gordura surge em três áreas da empresa. Encontra-se armazenada nos seus processos, propaga-se através da sua cultura e tem origem no seu pessoal. Neste livro, demonstramos como as pessoas, a cultura e os processos criam empresas gordas. Mediante a compreensão da gordura, aprendemos como os vencedores se tornam vencedores e por que razão tropeçam e caem. No final, mostramos como os empregados de uma empresa podem alterar a sua cultura e os seus processos, de modo a alcançar uma boa forma.

Por ironia, as sementes do fracasso encontram-se frequentemente no âmago do próprio sucesso.

As empresas, na sua maior parte, começam pequenas e magras. Com o passar do tempo, algumas adquirem peso à medida que crescem e prosperam. Para compreender este processo, ajuda olharmos primeiro para as atividades que todas as empresas desempenham e depois vermos o que fazem as empresas gordas.

Uma empresa é composta por pessoas e por uma cultura,

que utilizam dinheiro, tecnologia, materiais e outros recursos

e desenvolvem processos de negócio para a inovação, a produção, o *marketing* e a distribuição

para conquistar clientes e corresponder às suas necessidades de produto ou serviço

e consequentemente produzir riqueza, segurança, satisfação do ego, crescimento pessoal e outros benefícios para os seus empregados e para os seus proprietários.

4

Uma empresa gorda
é constituída por pessoas
e por uma cultura

que utilizam demasiados
recursos

e empregam processos de
negócio desnecessários,
redundantes, excessivos
ou obsoletos

e que, por isso, acabam por não conseguir
proporcionar valor de forma sustentada
aos seus clientes,

colocando em risco, no futuro, a
riqueza, a segurança, a satisfação
do ego e o crescimento pessoal,
bem como outros benefícios dos
empregados e dos proprietários.

CAPÍTULO 1:
Onde procurar a gordura

As pessoas estão no coração de qualquer empresa. Moldam a sua cultura e criam os processos que albergam a gordura. As ações das pessoas podem revelar uma tendência óbvia para a gordura – quer se trate de opulência, de gastos excessivos ou de hábitos de desperdício. Mas também existem formas de gordura menos óbvias, tais como a subutilização do talento, o dispêndio de energia em conflitos internos e a resistência cultural à mudança. Aquilo que é óbvio é fácil de eliminar, desde que haja vontade para isso. Mas é necessário um discernimento profundo para detetar as formas subtis de gordura, e medidas muito mais drásticas para as corrigir.

Podemos encontrar gordura nos líderes, nos gestores e em toda a empresa.

É óbvio quando uma pessoa detentora de autoridade gasta lascivamente. Escritórios opulentos, uma frota de carros à espera – eis alguns sinais exteriores de poder, que dizem algo sobre o êxito e o *status* de uma pessoa. Muitos líderes também desperdiçam recursos humanos. Fazem o seu pessoal esperar e perder tempo sempre que o querem ver.

Os gestores também contribuem para o aparecimento de gordura. Quando uma pessoa utiliza os recursos da empresa para o seu benefício pessoal, o desperdício é evidente, uma vez que nenhum benefício é obtido para a empresa ou para os seus clientes. Muitas vezes, este tipo de desperdício constitui também uma marca de êxito. Em situações como estas, a própria cultura acaba por se corromper à medida que o desperdício passa a tornar-se um hábito de toda a gente. As pessoas, na verdade, desejam ter empregos que lhes permitam ser gastadoras perdulárias.

O pessoal da empresa toma o exemplo dado pelos gestores e emula os comportamentos de desperdício.

Enquanto os líderes da empresa, gestores e outros trabalhadores criam a gordura com as suas atividades de desperdício e gasto, vão também gerando outras formas de gordura subtis. Estas, possivelmente mais perigosas, podem ser encontradas nas atitudes, nas capacidades e nas motivações existentes dentro da própria empresa.

Uma organização que se esforça por ser boa nunca será excelente. Os líderes que se rodeiam de pessoas fracas, e que nunca ou raramente os desafiam, nunca alcançarão a excelência.

O pessoal de uma empresa cria ou herda processos gordos de negócios. A gordura nos processos é muitas vezes fácil de descobrir e normalmente retificável. A gestão da qualidade total andou, durante anos, a melhorar os processos. Mais recentemente, as iniciativas de redefinição de processos cativaram as empresas que procuravam atacar o desperdício de processos em qualquer domínio. Ao levarem em conta as formas de gordura mais óbvias, estas iniciativas produziram, de modo geral, empresas em melhor forma.

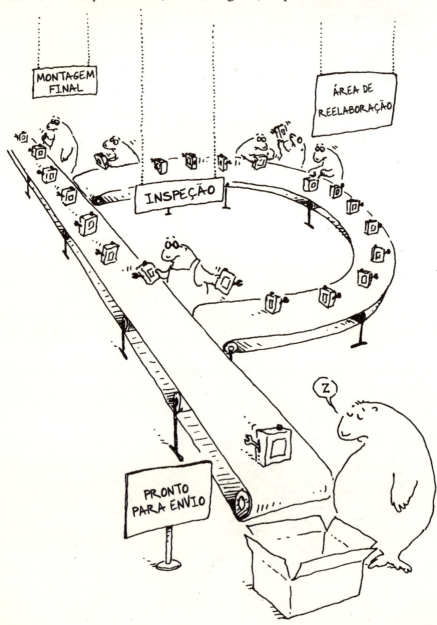

Os processos tornam-se por vezes ineficientes quando se dá excessiva importância a um processo, ou quando toda a gente precisa de saber tudo. Os passos adicionais de um tal processo constituem um óbvio desperdício.

Uma forma de gordura mais subtil aparece quando o processo incorpora atividades que não são ótimas. A escolha das melhores atividades pode não ser óbvia para aqueles que participam no processo.

Todos os processos precisam de ser atualizados e melhorados ao longo do tempo. Em certas ocasiões, os criadores dos processos têm dificuldade em determinar as proporções exatas da mudança.

Por fim, a gordura pode ser encontrada na própria fibra da empresa – na sua cultura. As culturas que aceitam valores inapropriados, ou que inspiram estilos de trabalho esbanjadores, acharão muito difícil ficar em forma. Lamentavelmente, a cultura gorda pode ser difícil de detetar, especialmente pelas pessoas que dela fazem parte.

«Não sai do meu bolso!» é uma atitude que prevalece na cultura gorda.

As culturas podem destacar o desempenho individual ou o trabalho em equipa. Nenhuma destas abordagens está certa ou errada – elas são apenas apropriadas ou não apropriadas para a atual conjuntura empresarial. Uma cultura inapropriada conduz à ineficácia e à gordura.

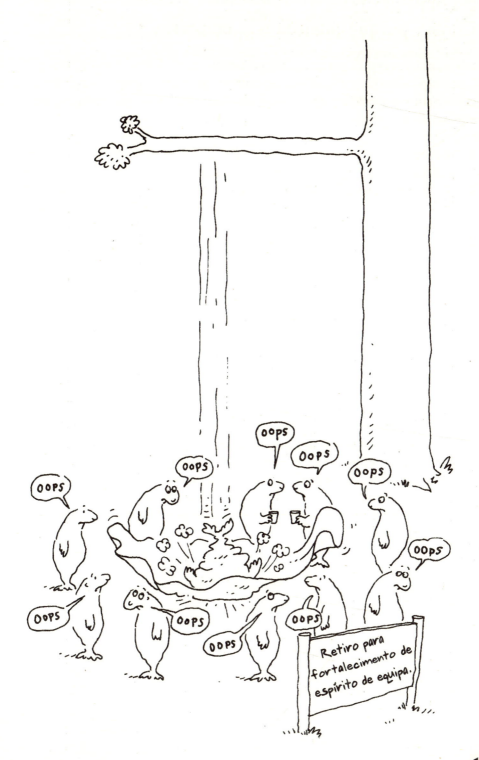

CAPÍTULO 2:
Como e porque engordam as empresas

Algumas empresas engordam. Outras mantêm-se em forma. Existem traços comuns partilhados por todas elas, que explicam como e porque engordam e continuam a engordar algumas empresas. Quatro princípios simples agrupam a maioria das causas:

1. **Envolvente:** A envolvente proporciona, mais a algumas empresas do que a outras, oportunidades para a engorda.
2. **Predisposição:** Os indivíduos têm uma predisposição natural para a sobrevivência, o êxito e o prazer, assim criando gordura numa empresa.
3. **Escolha fácil:** Deixar-se engordar é a escolha mais fácil.
4. **Crescimento dos direitos adquiridos:** Uma vez instalada, a gordura torna-se um hábito difícil de quebrar.

Envolventes favoráveis encorajam a gordura

Todas as empresas interagem com clientes, potenciais clientes, concorrência, fornecedores, governo e sociedade. Todas as empresas enfrentam mudanças nas necessidades dos clientes, recessões e expansões, alterações técnicas, mercados de capitais flutuantes, a evolução dos valores sociais e até mesmo desastres naturais. Por vezes, estes elementos criam uma envolvente benéfica para a empresa – a economia expande-se, os clientes adoram os produtos da empresa, a concorrência está enfraquecida e o dinheiro é barato. Quando as envolventes favoráveis persistem durante períodos de tempo prolongados, as empresas gozam de oportunidades significativas para alcançar o êxito. Mas o êxito pode conter as sementes da sua própria destruição, incluindo as oportunidades para engordar.

A envolvente a que qualquer empresa está sujeita pode ser caracterizada num contínuo que vai de desfavorável até favorável.

«Oportunidades elevadas para engordar»

Envolvente desfavorável ←——→ Envolvente favorável

Mercados em declínio ←——→ Mercados em crescimento

Clientes desesperados e exigentes ←——→ Clientes prósperos

Mercado em mudança ←——→ Mercado estável

Economia em recessão ←——→ Economia em expansão

Produtos desajustados ←——→ Produtos diferenciados

Concorrência forte ←——→ Concorrência escassa e fraca

Excesso de capacidade ←——→ Excesso de procura

Matérias-primas escassas ←——→ Matérias-primas abundantes

Capital dispendioso ←——→ Capital barato

Governo desfavorável ←——→ Governo proporciona apoios

As necessidades das pessoas conduzem à gordura

A realização dos desejos das pessoas e das suas aspirações podem criar gordura numa empresa. Na nossa sociedade desejamos grandes ordenados, atividades de lazer excitantes, reconhecimento e poder – os artefactos da boa vida. De facto, são estas as coisas que definem o êxito. Esperamos que as empresas onde trabalhamos nos ajudem a realizar estes sonhos e aspirações.

Uma empresa em forma é capaz de estabelecer a linha entre motivação individual e excesso empresarial. Quando o bem-estar do indivíduo começa a dominar o bem-estar da empresa, a gordura pode instalar-se.

O trabalho fácil dá origem à gordura

Tomamos decisões todos os dias. Às vezes optamos pelo trabalho mais fácil. Outras vezes escolhemos o trabalho duro. O trabalho fácil torna a vida agradável e reduz o *stress*. No entanto, um excesso de trabalho fácil pode levar à mediocridade, à falta de competitividade, aos hábitos de esbanjamento e aos processos redundantes – à gordura.

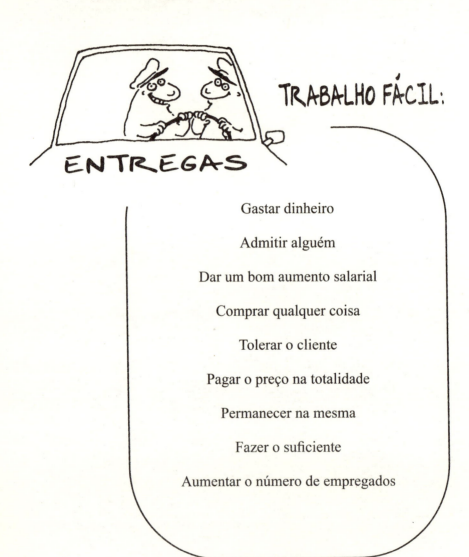

TRABALHO FÁCIL:

Gastar dinheiro

Admitir alguém

Dar um bom aumento salarial

Comprar qualquer coisa

Tolerar o cliente

Pagar o preço na totalidade

Permanecer na mesma

Fazer o suficiente

Aumentar o número de empregados

TRABALHO ÁRDUO:

Poupar dinheiro

Despedir alguém

Não dar aumentos salariais

Vender qualquer coisa

Deliciar o cliente

Negociar preços mais baixos

Melhorar

Tornar o trabalho excecional

Aumentar a produtividade

A gordura aumenta com o passar do tempo

Um velho princípio diz que as pessoas têm uma predisposição para a sobrevivência, o êxito e o divertimento. Este princípio sugere que as recompensas de ontem se transformam nas expectativas de amanhã e que, uma vez instalada a gordura, se torna difícil negá-la e muito fácil introduzir ainda mais gordura. Na empresa bem-sucedida as pessoas mudam. As suas expectativas aumentam; elas querem mais e mais. Os direitos adquiridos penetram na cultura da empresa, e esta desenvolve um ímpeto pelos direitos tão poderosos, que acaba por se espalhar por todo o pessoal. A empresa, por sua vez, passa a ter o seu direito à gordura.

CAPÍTULO 3:
A dinâmica da empresa gorda

Para a maior parte das empresas, o processo de engordar tende a seguir um padrão previsível.

A envolvente, as aspirações individuais, a atração das pessoas pelo trabalho fácil e o aumento dos direitos adquiridos conduzem a um padrão evolutivo previsível. A dinâmica da empresa gorda pode ser facilmente visualizada se pensarmos em dois tipos de envolventes – favoráveis e desfavoráveis – e em dois tipos de empresas – gordas e em forma. Esta combinação conduz a quatro tipos de situações:

As empresas não permanecem estáticas nestas situações. Se uma empresa vai bem por causa de um mercado em rápida expansão ou devido à falta de concorrência, atrai concorrentes e o jogo torna-se mais duro. Se a empresa está em forma e a envolvente é favorável, a tentação do trabalho fácil torna-se forte. Aparece a gordura. Independentemente de onde a empresa se situe neste espectro de gordura/em forma ou de quão favorável ou desfavorável for a envolvente, acontecem coisas previsíveis.

27

Comecemos pela DURONA, uma empresa em forma numa envolvente favorável. Com ingenuidade e esforço, ela vai progredindo e a envolvente ajuda a alimentar o seu êxito. Novos clientes servem de combustível ao crescimento. As melhores pessoas querem juntar-se à empresa e experimentar a sua cultura de sucesso. O capital é abundante e alimentado pela bolsa de valores. Os clientes louvam a capacidade de inovação e de serviço da empresa. A disciplina da empresa DURONA mantém os olhos postos no negócio e todos os custos na ordem. O futuro afigura-se brilhante.

Mas o êxito tem os seus perigos. Os aumentos salariais acontecem todos os anos a um ritmo mais rápido do que os ganhos de produtividade. As pessoas procuram e conseguem mais apoio e mais pessoal. Os gabinetes tornam-se um pouco mais luxuosos. A disciplina dos gastos torna-se cada vez mais difícil de manter. A mediocridade é tolerada à medida que o trabalho fácil se vai tornando norma. Uma envolvente favorável também encoraja o aparecimento do trabalho fácil; por isso, os processos do negócio são apenas marginalmente melhorados. Como a afluência da empresa é transferida para os seus líderes e gestores, o valor do lazer aumenta entre a liderança e depois por toda a empresa. As pessoas perdem o engenho que lhes vinha da necessidade. Fazem investimentos porque existe dinheiro disponível e não porque os projetos acrescentam algum valor. A DURONA passa facilmente para o estádio de REGALADA.

As pessoas na empresa REGALADA são, sentem-se e parecem bem--sucedidas. A imprensa tece louvores ao sucesso da REGALADA. As pessoas têm poucas ralações, uma vez que a inovação e o trabalho duro do passado continuam a premiar a empresa com vendas e lucros. O trabalho fácil prevalece, numa envolvente ainda favorável.

Mas esta envolvente não continuará assim para sempre. Torna-se cada vez mais difícil repetir os sucessos de produto e mercado. A empresa RAGALADA – autoindulgente, sobrestimada, ineficaz, confortável com o trabalho fácil – está mal equipada para lidar com a emergência de concorrentes ávidos e ágeis. Clientes outrora leais começam a olhar para outro lado, para fontes mais baratas, de melhor qualidade e com maior capacidade de resposta. Os gestores da empresa REGALADA prendem-se a estratégias obsoletas e atribuem as culpas aos seus líderes. Pessoas com elevado desempenho limpam o pó do seu *curriculum* e começam a procurar outras oportunidades. A REGALADA torna-se TEMEROSA, uma empresa gorda numa envolvente pouco amistosa.

O que sucede com a TEMEROSA? Ou enfrenta um regime de emagrecimento baseado no trabalho duro, ou enfrenta a morte. Para poder sobreviver, a empresa TEMEROSA tem de alterar os seus hábitos e a sua cultura, bem como as atitudes e as ações das pessoas. Terá de consumir menos e produzir mais. Se conseguir levar a cabo esta dolorosa transformação, a empresa TEMEROSA torna-se LUTADORA, a empresa em forma numa envolvente desfavorável.

A sobrevivência da empresa LUTADORA depende de uma vontade férrea e da manutenção do estar em forma através de trabalho constante e árduo. A disciplina é, neste caso, a melhor tática. Mas mesmo uma envolvente pouco amigável pode proporcionar oportunidades: pode eliminar os concorrentes. Com alguma sorte, uma empresa pode sobreviver, enquanto alguns dos seus concorrentes desaparecem. Com tempo e esforço, a LUTADORA pode achar-se em forma numa envolvente em melhoria. Mas será que o ciclo vai começar outra vez?

A empresa REGALADA é o protótipo da empresa gorda. Os resultados financeiros são bons. O moral dos empregados é elevado. Os acionistas estão satisfeitos. Porém, a empresa torna-se orientada para dentro. Processos e sistemas complexos são criados para apoiarem outros processos e sistemas internos. A voz do cliente é fracamente ouvida, se é que é ouvida.

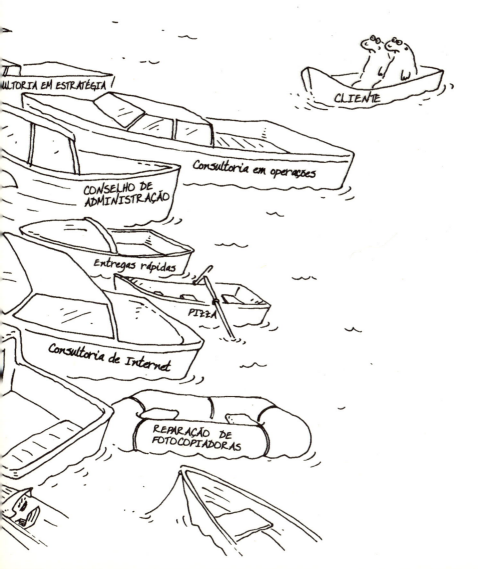

Leva algum tempo até que os resultados financeiros dêem a entender as realidades do comportamento gordo e indisciplinado. No meio da celebração interna, perdem-se os comentários dos clientes sobre a desvanescente glória da empresa. Mesmo quando chegam as notícias, podem ocorrer a negação e a revolta antes da aceitação da realidade. Como é que aquilo pôde acontecer? A resposta reside nas pessoas, na cultura e nos processos da empresa.

PARTE II
Como as pessoas criam gordura

O desperdício, a redundância e a ineficiência de uma empresa gorda evocam imagens de um negócio inchado, que apenas pode ser melhorado através da redução do seu tamanho e da redefinição dos seus processos. O *downsizing*, o *delayering*, o *outsourcing* e a redefinição dos processos de negócios são algumas das prescrições para curar a gordura. Mas estes remédios são apenas parte da resposta. Um lugar fundamental para procurar a gordura numa empresa é junto do seu pessoal. As pessoas são a força motriz dos resultados de negócio. A compreensão das pessoas que fazem parte de uma empresa gorda é crucial para a entendermos.

As pessoas estão no centro de qualquer empresa. O comportamento das pessoas dá origem a efeitos-processos, sistemas, atividades, relacionamento com clientes, vendas e lucros benéficos. Mas os seus comportamentos também têm o potencial para produzir efeitos negativos.

Tanto o número de pessoas (quantidade) quanto a sua eficácia (qualidade) afetam o nível de gordura de uma empresa. Infelizmente, as empresas medem muitas vezes a sua gordura tendo em conta apenas a quantidade. Isto é compreensível, uma vez que a quantidade é observável e reconhecível; uma empresa vê se tem 50 ou 5 000 empregados. A qualidade é subtil e mais difícil de medir. Muitas empresas procedem ao *downsizing* num esforço de redução da gordura e com vista a um maior sucesso. Porém, a melhoria da qualidade tem com frequência um maior impacto na prosperidade da empresa.

As atividades desempenhadas pelas pessoas e o grau de qualidade com o qual elas as executam determinam o êxito de uma empresa. Esta prospera quando o pessoal executa bem o seu trabalho, quer através de um tratamento adequado dos clientes, quer estabelecendo orientações, trabalhando cooperativamente, ou criando um ambiente e um sistema de valores positivos.

A qualidade destas atividades é, em larga medida, gerada por um pequeno conjunto de forças:

- Motivadores, que são as orientações humanas básicas que induzem a ação.
- Valores, que são princípios ou padrões que moldam o comportamento.
- Atitudes, que consistem nos sentimentos das pessoas, nos seus pensamentos e disposições.
- Capacidades, que incluem a perícia e os conhecimentos necessários para um desempenho de sucesso na empresa.

As capacidades, os valores e as atitudes captam aquilo que as pessoas são e aquilo que podem fazer, enquanto os motivadores conduzem as pessoas à ação. Em conjunto, estas forças dão origem a comportamentos que podem ou não ser consistentes com os objetivos da empresa. A gordura aparece quando essas forças centrais criam comportamentos que beneficiam um indivíduo em detrimento dos interesses da empresa. Essa é bem-sucedida quando as forças que governam as ações do seu pessoal se encontram sintonizadas com o bem-estar da empresa.

CAPÍTULO 4:
Motivadores

As pessoas são motivadas por um pequeno conjunto de necessidades básicas. O instinto de sobrevivência assegura a existência humana na medida em que ajuda as pessoas a lidar com ameaças competitivas, com uma envolvente hostil e com clientes exigentes. A afiliação social concede-lhes um sentido de pertença, o sentimento de que são aceites e estimadas, unindo as pessoas da empresa num grupo coeso. A necessidade de realização contribui para a criação de produtos, de processos e de sistemas com êxito. A motivação pelo poder ajuda as pessoas a controlar os outros e a sua envolvente. Facilita a tomada de decisão e assegura à empresa a existência de líderes fortes. Finalmente, a gratificação do ego satisfaz a necessidade de orgulho e de autoestima.

O êxito acontece quando estas forças motivacionais são fortes e se encontram alinhadas com os objetivos da empresa. Não obstante, os motivadores demasiado fracos ou mal orientados podem conduzir à ineficácia e à gordura. Por exemplo, se o pessoal é complacente e lhe falta necessidade de realização, não demorará muito para que deixe de ser reativo às condições do mercado, sendo ultrapassado pela concorrência. Indivíduos com necessidades intensas criam ansiedade e lutas internas, ou são egoístas, colocando-se acima da empresa e dos seus clientes.

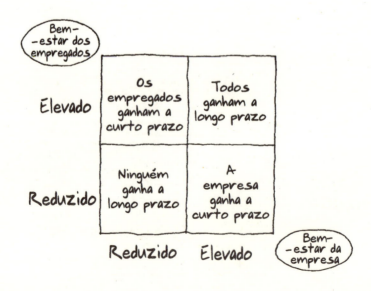

Sobrevivência

A necessidade de sobreviver motiva qualquer um. O instinto de sobrevivência é desencadeado quando os indivíduos percebem que os seus empregos estão em perigo por causa de ameaças externas ou internas. As ameaças externas surgem quando a competição se intensifica, os clientes-chave ameaçam passar o seu negócio para outra empresa, ou as forças da envolvente alteram o modo como a empresa tem de competir. As ameaças internas surgem quando os empregos são eliminados, as responsabilidades reduzidas e os procedimentos de trabalho familiares modificados. Estas ameaças podem ser causadas por fatores tais como a competição interna, a reorganização, a reformulação de processos ou a atualização da tecnologia. Curiosamente, as pessoas parecem dar-se conta mais das ameaças internas do que das externas.

O instinto de sobrevivência de um indivíduo pode facilitar ou dificultar a vida de uma empresa, dependendo se o seu comportamento de sobrevivência estiver ou não em sintonia com os objetivos da empresa. Esta prospera se a motivação para a sobrevivência de uma pessoa conduzir a ações que permitem ultrapassar a ameaça ao indivíduo e ao mesmo tempo beneficiam a empresa. Tal pode acontecer quando o comportamento de uma pessoa evidencia a capacidade da própria empresa para lidar com fortes ameaças da concorrência, com a adaptação a alterações da envolvente e com a orientação para as necessidades do cliente. Os processos de produção são incrementados em resposta à concorrência, que oferece baixos custos. O pessoal afetado às vendas luta mais duramente quando um concorrente ameaça os seus negócios-chave.

Por outro lado, o comportamento de sobrevivência do indivíduo pode estar mal sincronizado com os objetivos e com as estratégias que asseguram o bem-estar da empresa.

Estratégias de sobrevivência:

- Parecer ocupado
- Inventar trabalho
- Agradar ao chefe
- Desvalorizar os outros...

Quando uma força, tal como uma nova tecnologia, ameaça as formas familiares de fazer as coisas, um indivíduo com um instinto de sobrevivência mal dirigido combaterá a ameaça.

Se o poder, a posição ou as responsabilidades forem reduzidas, as pessoas tendem naturalmente a colocar os seus interesses à frente dos da empresa.

Quando os empregos são ameaçados, as pessoas procuram instintivamente lutar contra a sua perda e sobreviver.

Elas fazem *lobby*, constroem ligações, enfim, procuram bloquear a ameaça em seu próprio benefício.

A empresa pode encetar uma resposta de sobrevivência mal direcionada. Quando as pessoas estão na função errada ou as exigências que a organização lhes coloca são excessivas, a motivação para a sobrevivência começa a dar sinais de si.

A gordura pode também ser o resultado de um instinto de sobrevivência fraco ou entorpecido. A algumas pessoas falta, naturalmente, um forte instinto de sobrevivência; noutras, este motivador poderá estar enfraquecido pela envolvente de trabalho. Se a pessoa tem de lidar constantemente com mudanças da envolvente, clientes exigentes e colegas competitivos, o instinto de sobrevivência é constantemente estimulado e reforçado com regularidade. Mas, se a empresa protege constantemente o seu pessoal da ansiedade, o instinto de sobrevivência acaba por ficar entorpecido. Com o tempo, um fraco instinto de sobrevivência pode criar gordura numa empresa.

Afiliação social

Toda a gente necessita e espera ser valorizada e querida. A afiliação social liga as pessoas de uma empresa umas às outras, aos seus clientes e fornecedores. É uma fonte de empatia e sensibilidade. Ajuda a criar e a manter relacionamentos com os clientes. A necessidade de afiliação facilita e serve de sustentação ao trabalho em equipa. Torna possível e refina o *coaching* e conduz à interação harmoniosa entre colegas e entre pessoas a diferentes níveis na organização. Mas, à semelhança de outros motivadores, uma afiliação social mal orientada ou muito fraca pode criar gordura.

Os indivíduos com uma necessidade de afiliação exagerada podem querer fazer coisas que lhes permitam ganhar ainda maior aceitação – mesmo que as suas ações prejudiquem a empresa.

Uma pessoa faminta de afiliação social pode evitar a transmissão de *feedback* negativo a um subordinado.

Quando uma pessoa com enorme necessidade de afiliação faz parte de uma equipa, guardará para si opiniões válidas, mas conflituosas, por medo de magoar os outros. Mesmo quando se lida com clientes, demasiada afiliação social pode tornar-se fonte de ineficiência e gordura.

Um vendedor pode fazer um desconto excessivo apenas para manter o relacionamento com o cliente.

Uma pessoa com fraca necessidade de afiliação não faz um esforço suficiente para ser estimada e é muitas vezes insensível às necessidades dos outros. Pode criar uma atmosfera de medo entre os subordinados, provocando brigas e fricções nas equipas.

Realização

Na sua maior parte, as pessoas bem-sucedidas são orientadas para a realização. O seu impulso para o sucesso pessoal dá origem a empresas, produtos e processos vencedores. É fácil constatar como a falta de desejo de realização pode prejudicar uma empresa. A complacência substitui o desejo de melhoria. Na economia global e face a uma feroz concorrência em todos os domínios, nenhuma vantagem competitiva é sustentável sem que exista uma mistura saudável de paranoia e de motivação para a realização.

Simultaneamente, uma motivação para a realização forte, mas mal orientada, pode levar ao aparecimento de gordura. Quando o desejo de realização das pessoas é dirigido para fora dos interesses da empresa, a motivação para a realização, tão importante para as empresas em forma, transforma-se na própria força da gordura.

Mesmo quando a ênfase é colocada nos produtos ou nos resultados, o excesso de *design* pode resultar de uma forte motivação para a realização, combinada com falta de atenção às necessidades do mercado.

Quando uma pessoa procura realizar-se a qualquer preço, pode ser bem-sucedida, mas fá-lo às custas dos clientes e de outras pessoas da empresa. Por exemplo, um vendedor pode vender um produto do qual o cliente não tem necessidade ou que a empresa não pode produzir ou entregar. Quando há demasiada concorrência interna, uma pessoa pode esconder informação dos colegas de modo a dificultar a sua realização. Um gestor pode apropriar-se do reconhecimento pelo trabalho realizado pela equipa.

Enquanto a realização mal direcionada cria gordura de forma indireta, a falta de desejo de realização é uma fonte de gordura muito mais óbvia. Resulta em desinteresse, letargia e complacência – que, por sua vez, conduzem à estagnação.

A ausência de necessidade de realização pode manifestar-se sob as formas de falta de confiança, atitudes de negativismo ou preguiça.

Poder

As empresas enfrentam um vasto leque de decisões. As escolhas que fazem afetam o seu pessoal, determinam os seus processos e estabelecem a sua cultura. As pessoas tomam essas decisões pela empresa – quem detém o poder controla as escolhas.

O poder individual pode ser obtido através da posse, da posição, da especialização ou do carisma. O uso positivo do poder numa empresa impulsiona-a para a frente. As decisões são rapidamente tomadas. O uso apropriado do poder proporciona orientação ao grupo, evitando a ambiguidade e as discórdias desnecessárias. Por outro lado, o abuso do poder ou uma luta contínua por este pode dispersar a energia da empresa. A coerção, a manipulação e o controlo através de um comportamento ditatorial e da construção de impérios podem melhorar o estatuto do indivíduo, mas enfraquecem a empresa.

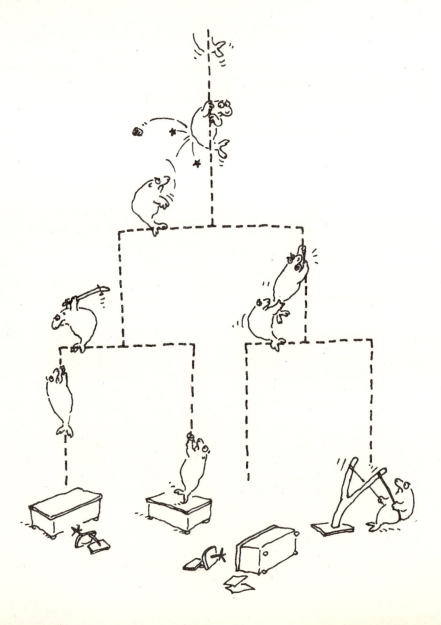

Há muitas maneiras de utilizar mal o poder. Por exemplo, as pessoas em posição de poder podem colocar o seu próprio interesse à frente do da empresa. Usam o poder para vencer as tomadas de decisão que as possam ajudar à custa da empresa.

Um indivíduo poderoso que manipula pessoas mais fracas constitui um exemplo óbvio de um motivador degenerado. Uma forma mais subtil do mesmo problema ocorre quando alguém procura manter o seu poder rodeando-se de pessoas mais fracas. Se a força é tida como uma ameaça pelos decisores da empresa, então a fraqueza instalar-se-á, indubitavelmente, como norma.

O «porteiro» utiliza a sua posição para controlar informação, processos ou pessoas. Esta óbvia má utilização do poder não acrescenta qualquer valor à empresa. As burocracias de todo o tipo criam «porteiros» que mais não fazem do que vampirizar a energia de uma organização.

Os monopólios e quase-monopólios podem gerar situações nas quais os próprios clientes sentem o peso de uma motivação para o poder mal direcionada. Um cliente vitimizado tem falta de opções e de poder para fazer algo a curto prazo. Nesta situação, o cliente irá constantemente procurar substitutos, o que encoraja o aumento da concorrência.

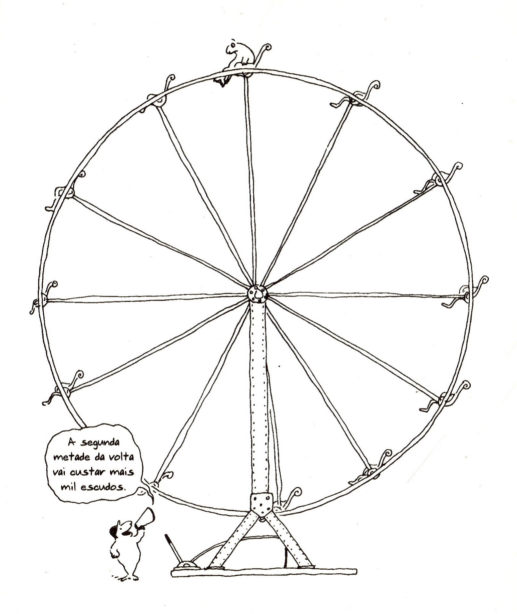

Os abusos de poder têm efeitos negativos para a empresa. Uma quantidade inadequada de motivação para o poder provocará diversos tipos de problemas. A empresa tornar-se-á hesitante e indecisa. As decisões lentas e as atividades descoordenadas instalar-se-ão como norma.

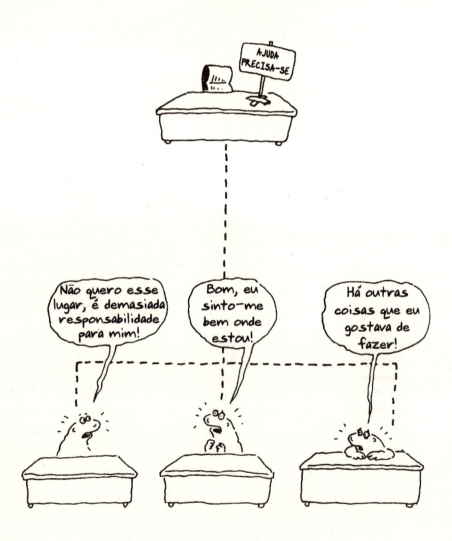

Gratificação do ego

As pessoas são naturalmente movidas pelo ego. Quando a necessidade de realização está saciada, a motivação para o ego pode proporcionar uma força que faz com que os indivíduos continuem a esforçar-se. Nas melhores circunstâncias, tanto o empregado quanto a empresa podem sair beneficiados.

Os troféus comunicam feitos e dão corpo ao reconhecimento. Alimentam o ego individual. Mas o seu alcance pode por vezes dar origem a distrações em relação à missão da empresa. Quando isso sucede, a empresa torna-se um pouco mais gorda.

Um ego excessivamente forte e mal dirigido pode entrar em conflito com os melhores interesses da empresa. Esta faz um uso inadequado de recursos valiosos, sempre que o seu pessoal usa o tempo e o dinheiro da empresa para alimentar o ego, sem qualquer compensação em ganhos de produtividade.

Referências em livros, estudos de caso universitários e artigos na imprensa de negócios indicam o sucesso da empresa e dos seus líderes. Alimentam o ego empresarial.

Estes esforços de relações públicas têm êxito quando reforçam os laços da empresa com os seus empregados, clientes e investidores e quando desmoralizam a concorrência. A publicidade, no entanto, também pode gerar resultados indesejados, tais como uma concorrência mais bem treinada, empregados desmoralizados e clientes detentores de informação que podem usar para negociar melhores acordos.

Um ego dominador aliado a uma fraca capacidade de escutar os outros fazem uma mistura perigosa. As ideias dos outros nunca têm hipótese de ser bem-sucedidas.

1.

2.

3.

4.

Uma necessidade demasiado fraca de alimentar o ego também pode ter consequências indesejadas. As boas ideias nunca veem a luz do dia.

CAPÍTULO 5:
Valores e atitudes

Os valores e as atitudes das pessoas face às suas empresas, aos seus empregos e aos seus colegas de trabalho podem significar a diferença entre o sucesso e o fracasso da organização. Grupos positivos e altamente motivados que partilham um sistema de valores construtivo traduzem um elevado desempenho. Ao mesmo tempo, a combinação de uma atitude pobre e de um sistema de valores negativo constitui um catalisador para o desastre. Nem um alinhamento dos motivadores adequado nem grandes capacidades conseguem superar essa força. Valores pobres e atitudes negativas dispersam as energias do trabalho que há para fazer.

Os valores e as atitudes individuais podem ser constatados através da observação do modo como os empregados lidam com os seus clientes, os seus colegas e a empresa onde trabalham. A integridade, a consciência de qualidade e o sentido de justiça são três dimensões segundo as quais os valores individuais podem ser observados. As atitudes são construídas a partir destes valores e constituem uma expressão dos sentimentos e opiniões individuais. Os empregados com valores e atitudes negativos contribuem com o seu quinhão para o aparecimento de gordura na empresa.

Integridade

A retidão, a honestidade e a sinceridade são valorizadas pela sociedade. A ausência destes valores conduz por vezes ao sucesso individual, o qual, contudo, pode ser construído à custa dos outros.

Se um grupo não valoriza a integridade, os indivíduos deixarão por vezes a honestidade derrapar – à custa dos seus clientes, dos seus colegas ou da sua empresa.

A integridade permite que se desenvolva a confiança, essencial para uma organização trabalhar cooperativamente em conjunto e com seus clientes.

Qualidade

O esforço e o alcance da excelência são essenciais para que uma empresa mantenha quota de mercado e margens elevadas e para que continue a crescer. Os programas de melhoria da qualidade encontram-se agora firmemente impregnados na essência dos processos bem definidos. A referência à qualidade tem, aqui, um foco nos valores e não nos processos. Uma pessoa que valoriza a qualidade procurará sempre tornar-se melhor, assim como os produtos e serviços da empresa e os processos em que está envolvida. É a consciência da qualidade a este nível orgânico que conduz àquelas inovações que rompem com o que já existe. Este tipo de foco individual na qualidade é necessário se uma empresa pretende melhorar e revitalizar os seus processos de negócio, face à mudança das necessidades e às imprevisíveis forças da envolvente.

A melhoria da qualidade é um trabalho duro. A racionalização é tarefa fácil.

Justiça

A justiça contribui para a harmonia de uma empresa. Aqueles que se sentem tratados com justiça revelam uma elevada satisfação no trabalho, a qual, em última análise, conduz ao envolvimento com o trabalho e à utilização eficaz do talento individual. O egoísmo pode gerar problemas sérios de ineficiência. Pode emergir o conflito entre os empregados, o trabalho em equipa tornar-se impossível e as tarefas não serem executadas.

Dada a sua própria natureza, as empresas juntam pessoas para alcançar objetivos comuns. Os objetivos às vezes são claros, outras vezes são ambíguos. Ao contrário dos ambientes desportivos, nos quais os objetivos e os papéis estão bastante bem definidos, as envolventes de negócio são mais ambíguas. Em tais envolventes, a justiça é um valor-chave. Como sabe qualquer pessoa que já tenha feito parte de uma equipa de trabalho, as equipas podem gerar sinergias significativas quando o trabalho é realizado de modo harmonioso. As equipas começam a descambar quando um ou mais membros procura o crédito e a realização pessoal à custa do próprio grupo, ou quando alguns dos seus membros são aproveitadores.

Da mesma maneira que demasiado autointeresse provoca o aparecimento de gordura, demasiado autossacrifício também o provoca, uma vez que as capacidades e as energias da equipa não são totalmente utilizadas.

Atitudes

Toda a gente tem sentimentos e opiniões. A atitude de um indivíduo em relação à sua empresa irá afetar o seu comportamento e desempenho. Quando partilhados, os seus sentimentos afetarão igualmente o comportamento e o desempenho de terceiros.

Os empregados tendem a manter-se sintonizados com os acontecimentos quotidianos da sua empresa. Esta pode ter altos e baixos, atuar adequadamente ou cometer erros. Estas ocorrências são observadas e comunicadas. As atitudes são formadas. Por vezes, essas atitudes podem oscilar de forma significativa. A maior parte das empresas passa por períodos de baixo moral. A produtividade ressente-se quando, por longos períodos de tempo, prevalecem atitudes negativas entre os grupos que constituem a força de trabalho.

CAPÍTULO 6:
Capacidades pessoais

O pessoal de uma empresa desempenha papéis diferentes para ser bem--sucedido. Uma função específica utiliza tipicamente uma mistura de capacidades de liderança, de gestão e de execução.

Os indivíduos com capacidade de liderança são capazes de desenvolver uma visão clara, de delinear uma estratégia de sucesso, de selecionar pessoal de um modo sensato, de afirmar valores, de comunicar, de persuadir, de evocar confiança e de provocar entusiasmo. Aqueles que gerem com eficácia constroem uma equipa, definem e organizam o trabalho, delegam, atribuem poder, motivam, treinam e monitorizam. As pessoas que executam bem o seu trabalho fazem-no a tempo, de maneira eficiente e com elevada qualidade. A motivação, os bons valores e uma boa atitude são ingredientes necessários, mas não suficientes. As capacidades completam o quadro.

O pessoal de uma empresa utiliza cada uma dessas qualidades em graus diferentes. A importância relativa destas capacidades depende da fase das carreiras em que as pessoas se encontram, do modo como a organização está estruturada e da envolvente externa de mercado. Por exemplo, uma equipa de desenvolvimento de produto pode ter necessidade de todas estas competências em diferentes graus e em cada um dos seus membros. Precisa de visão e de estratégia, o que requer a existência de liderança. Precisa de definir e de organizar o trabalho, o que pressupõe capacidades de gestão. Precisa de capacidades de execução, de modo a realizar tarefas. A estrutura organizacional, seja ela achatada, hierárquica ou transfuncional, apenas altera o equilíbrio de capacidades exigidas a cada pessoa. Todas elas são necessárias para o êxito.

A falta de capacidades pessoais manifesta-se de duas formas importantes. As pessoas podem não possuir conhecimentos para cumprir as suas tarefas. A título de exemplo, um vendedor pode não conhecer bem a sua linha de produtos ou as necessidades dos seus clientes. Um supervisor de operações pode não saber gerir um processo de produção, os fluxos de materiais ou o inventário. Por outro lado, as pessoas podem não ter as capacidades necessárias para executar o trabalho. Um vendedor pode conhecer os seus produtos, as necessidades dos clientes e a mecânica da venda, mas não ser capaz de aplicar esse conhecimento. Ele perderá a maior parte das oportunidades de venda sem perceber por que não conseguiu fechar o negócio. Um supervisor de operações poderá até conhecer a mecânica do seu trabalho, mas não possuir capacidades para organizar, motivar as pessoas e gerir situações de crise. A falta de capacidades do pessoal leva a empresa a engordar consideravelmente.

Liderança

Nesta era de *empowerment* e de estruturas horizontais, as empresas exigem a todos os seus empregados capacidades de liderança. À medida que as funções dão lugar a papéis, uma pessoa pode ter necessidade de ser líder numa equipa, gestora noutra ou executante numa terceira.

Uma empresa com uma liderança fraca acaba por tropeçar. Líderes sem visão, ou com uma visão ambígua ou defeituosa, não conseguem desenvolver uma estratégia de sucesso para a sua empresa ou para um subgrupo que faça parte da mesma. As pessoas não tomam partido por esse líder, e a empresa é deixada à deriva.

Um bom líder precisa tanto de conhecimento interno como externo para estabelecer o rumo da empresa. Do ponto de vista externo, tem de estar familiarizado com a dinâmica da indústria, as necessidades dos clientes, a envolvente, as tendências económicas, a competição, as novidades tecnológicas e as práticas inovadoras de gestão.

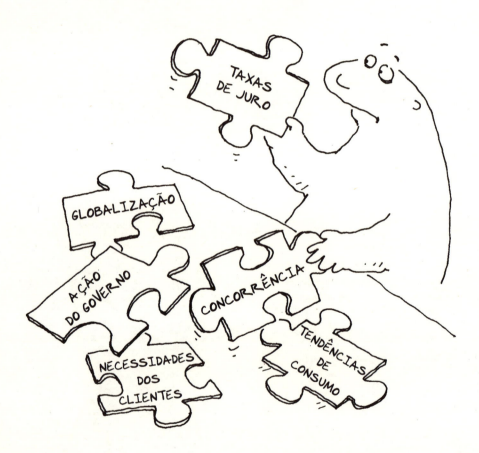

Internamente, o líder tem de conhecer o seu pessoal, os pontos fortes e os pontos fracos da empresa, bem como os processos-chave do negócio. Sem um bom conhecimento das competências nucleares da empresa, o líder pode procurar implementar iniciativas que depois são impraticáveis.

Os líderes têm de ser capazes de absorver, interpretar e integrar sinais provenientes da equipa e da envolvente. Sem esta destreza, a visão e a estratégia estabelecidas podem não passar de um vazio.

Um bom líder é um bom comunicador. A sua estratégia é expressa de modo claro e torna-se partilhada por toda a organização. As suas capacidades de comunicação mobilizam a equipa no sentido da partilha de uma visão. Fracas capacidades de comunicação conduzem à incerteza e à falta de orientação.

A liderança é uma atividade humana. Noventa por cento do tempo do líder é gasto com os outros. O líder constrói confiança e empenhamento. O líder fraco falha, pois não consegue extrair o melhor do seu pessoal.

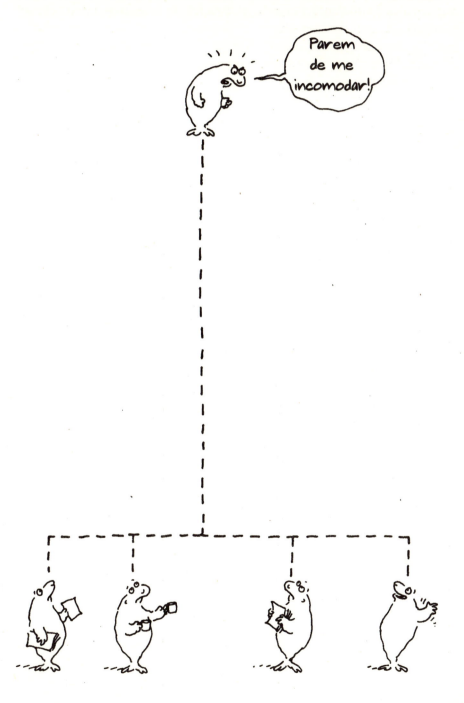

As capacidades de liderança são melhor apuradas em situações de crise. Por isso, é habitualmente difícil prever com segurança quem serão os melhores líderes, sendo que muitas vezes acabam por ser candidatos sem quaisquer capacidades de liderança a exercer esse papel. Se esses indivíduos acabam por não conseguir desempenhar os seus papéis com eficácia, a empresa só poderá perder com isso. Lamentavelmente, os resultados negativos de uma liderança fraca são, por vezes, encobertos pelas suas próprias ações durante meses ou mesmo anos.

Gestão

Os gestores são encarregados de alcançar os objetivos da empresa através dos esforços dos outros. O gestor bem-sucedido forma a equipa certa, constrói as suas competências e assegura a consecução dos objetivos da empresa.

Os indivíduos que gerem mal multiplicam a gordura numa empresa. Não apenas eles próprios são incompetentes, como toda a equipa se torna ineficaz.

A seleção, a definição de papéis, o desenvolvimento e a desseleção são, todos eles, componentes do sucesso na formação de equipas. A seleção de membros inapropriados ou incompetentes é sinal de fraca gestão. A definição do papel errado para um membro da equipa é uma forma de gordura. A manutenção por demasiado tempo de pessoas incapazes também reduz a produtividade.

Os bons gestores constroem a competência da equipa e facilitam o crescimento do seu pessoal. Desafiam, encorajam o autodesenvolvimento, formam, treinam, aconselham, fornecem *feedback*, medem o progresso e apoiam os membros da equipa. A equipa de um mau gestor atrofia com o passar do tempo.

Os bons gestores estabelecem boas relações de trabalho com os seus empregados. São recetivos. São bons ouvintes. Têm discussões profissionais com os empregados. Definem papéis, responsabilidades e objetivos claros. Delegam e distribuem o poder de forma adequada. Os indivíduos tendem a ser maus gestores quando fazem uma microgestão, quando procuram fazer tudo sozinhos, quando apresentam um comportamento inconsistente ou quando são indecisos.

Um bom gestor é um bom motivador, alguém que cria um ambiente de trabalho positivo, sendo justo e interessado. Um gestor irrefletido, injusto, pouco ético e que recebe créditos que não lhe são devidos, entra em jogos políticos, sobrecarrega a equipa, cria um baixo moral e uma equipa disfuncional.

Um bom gestor define e excede padrões de desempenho elevados. Aumenta continuamente a produtividade. Controla gastos e afeta recursos. Comunica os valores da empresa e fornece *feedback* às demais partes da organização, de modo a que a capacidade de tomada de decisão em toda a organização aumente. Os indivíduos que não têm os conhecimentos ou capacidades para cumprir estas tarefas serão, provavelmente, fracos gestores. As pessoas são frequentemente promovidas até atingirem o seu nível de incompetência.

Execução

A empresa necessita de pessoas capazes de fazer o trabalho de forma correta e expedita. Precisa de pessoas com as capacidades e os conhecimentos necessários para executar as tarefas e os processos de maneira capaz. Na empresa em forma, as pessoas talentosas são admitidas, e as respetivas capacidades desenvolvidas. A experiência, a par de processos de aprendizagem individuais e organizacionais, prepara as pessoas para as suas futuras funções. Conhecimentos e capacidades inadequados podem ser resultado de má seleção, de mau desenvolvimento ou da incapacidade de adaptação às necessidades de um mercado em mudança.

A realização do trabalho da empresa é tão boa como as pessoas que o levam a cabo.

A GAZETA

O Presidente Eduardo Posta anuncia as seguintes promoções:

João S. Posta
Vice-Presidente
de Operações

David Posta
Administrador-Geral
Divisão de Novos
Produtos

Natália
Posta Marinha
Diretora de
Compras

Hugo Posta
Vice-Presidente
de Investigação e
Desenvolvimento

Beatriz Posta
Vice-Presidente
de Pesquisa de
Mercado

Resumo

Quando as empresas tentam reduzir a gordura, podem experimentar estratégias como o *downsizing*, a organização em torno de pequenas equipas de negócio ou o *empowerment*. Mas têm de começar por compreender as pessoas da empresa – o que as motiva, quais as suas capacidades e os seus valores. As estratégias que lidem apenas com a quantidade e a dimensão são, muitas vezes, superficiais. A gordura pode voltar a aparecer mal se dê uma modesta melhoria do negócio, já que as suas causas são muito profundas. A gordura é consequência das motivações básicas das pessoas, das suas capacidades e dos seus sistemas de valores. E é aí mesmo que começam as verdadeiras necessidades de mudança.

PARTE III
A cultura da empresa gorda

As pessoas têm os seus motivadores, capacidades e valores. Mas a empresa também tem uma personalidade – a sua cultura. Pode entender-se a cultura como sendo os genes da empresa. A cultura guia as pessoas que trabalham na empresa quando lidam com situações novas ou familiares. A cultura estabelece uma linha de base para a tomada de decisões na empresa, bem como para a definição daqueles que são os comportamentos aceitáveis no seu interior.

Os grupos de uma empresa podem ter a sua própria subcultura. Por exemplo, uma força de vendas pode celebrar o individualismo, enquanto as equipas de desenvolvimento podem abraçar o trabalho em equipa. A prioridade do departamento de apoio ao cliente é o próprio cliente, ao passo que o departamento de recursos humanos se concentra nas pessoas que fazem parte da empresa. Alguns elementos culturais, tais como a importância da antiguidade ou do desempenho, podem ser comuns a toda a empresa, enquanto outros são adaptados por medida, de acordo com os objetivos do grupo no interior da empresa.

CAPÍTULO 7:
Os elementos da cultura

A cultura da empresa consiste nos seus valores e é refletida no seu estilo de trabalho. A cultura é comunicada através dos heróis da empresa, das lendas, das comemorações e dos prémios. Quando uma empresa premeia uma inovação, está a declarar algo sobre aquilo que valoriza. Uma história sobre a iniciativa de uma pessoa em favor de um cliente é repetida entusiasticamente. Um mau investimento feito por um indivíduo num novo segmento de mercado é examinado, compreendido e passa a fazer parte da experiência empresarial. Todas estas são manifestações da cultura da empresa.

Os valores de uma empresa especificam aquilo que é importante. Constituem os princípios que guiam o comportamento. Os valores são frequentemente descortinados no modo como a empresa resolve os seus conflitos e dilemas. Por exemplo, o que é mais importante: o pessoal da empresa ou os clientes? O que será menos desejável: que um empregado trabalhe 80 horas por semana ou que um cliente espere mais uma semana por uma peça?

O estilo de trabalho de uma empresa pode ser observado na natureza das atividades quotidianas dos seus empregados. Refere-se à maneira como as pessoas agem, como tomam decisões, como se relacionam entre si e como lidam com os clientes. O estilo de trabalho pode ser orgânico, encorajar a criatividade, a flexibilidade ou a espontaneidade, ou pode, pelo contrário, ser do estilo mecânico, incentivando o controlo, a ordem, a inflexibilidade. O individualismo ou o trabalho em equipa podem ser recompensados. Os estilos de trabalho podem ser do tipo autocrático ou consensual; podem ser empáticos ou «de cortar à faca». A forma de trabalhar pode dar importância a uma orientação externa para a concorrência e a envolvente do mercado, ou pode antes olhar para o seu interior, no sentido da integração e das relações de trabalho agradáveis.

111

As culturas decorrem da história da organização, da sua envolvente e dos seus empregados. A cultura organizacional evolui. Ela é continuamente redefinida pelo pessoal da empresa. Os seus motivadores, capacidades, valores e atitudes guiam as suas decisões, ações e comportamentos, os quais, por seu turno, remodelam a cultura.

Um líder poderoso e orientado para o ego, ou um subgrupo forte, pode operar um impacto imediato na cultura da empresa. Indivíduos proeminentes, com forte motivação para a afiliação social ou para a realização, podem orientar as culturas nessas direções. Empregados altamente capazes e com atitudes positivas podem melhorar a cultura da empresa, ao passo que empregados com pouca capacidade ou uma atitude pobre diminuirão a cultura.

A cultura encontra-se ancorada na história e constitui o resultado cumulativo de decisões e de ações tomadas anteriormente. Os componentes culturais que contribuem para o sucesso de uma empresa são reforçados. Se o trabalho em equipa conduz ao sucesso, pode tornar-se uma norma cultural. A cultura da empresa atrai pessoas compatíveis e rejeita as não conformistas. A cultura molda as pessoas, mesmo sendo estas que a formam.

Acontecimentos externos, tais como a mudança das necessidades dos clientes, as atividades da concorrência, a legislação e até as dádivas ou os desastres da natureza moldam as culturas, As que se adaptam rapidamente são bem sucedidas, enquanto aquelas que deixam passar estas situações externas podem ficar mal equipadas para enfrentar o futuro.

Envolventes favoráveis criam oportunidades de sucesso no negócio, o qual, em troca, fornece o clima para a formação de uma cultura gorda. As pessoas alcançam o sucesso e são recompensadas. As recompensas de ontem passam a constituir os direitos de amanhã. Isto cria gordura e conduz ao inevitável trauma do *downsizing*, quando a envolvente se torna ameaçadora.

As culturas tornam-se gordas quando suportam as necessidades individuais à custa da empresa ou se revelam incompatíveis com uma nova envolvente. Uma empresa bem-sucedida pode facilmente tornar-se presunçosa e optar por trabalhos fáceis, sacrificando a inovação de produtos e a satisfação do cliente. Uma cultura é incompatível com a envolvente quando está funcionalmente organizada e os seus clientes pretendem equipas transfuncionais, ou quando um estilo de trabalho datado emprega tarefas estruturadas e bem definidas, numa altura em que o mercado requer criatividade, flexibilidade e adaptabilidade.

113

CAPÍTULO 8:
Os valores da empresa

Uma cultura produz enunciados sobre a forma como os clientes, os empregados e os demais ativos da empresa deverão ser tratados. Estes enunciados revelam aquilo que é importante para a empresa. Um dilema cultural comum é a importância relativa dos clientes, das pessoas e da empresa em si. Numa era de *downsizing* e reestruturação constantes, um enunciado cultural claro é o de que a empresa é mais importante do que as pessoas.

Enunciados sobre os clientes

Todas as empresas dependem da sua capacidade de ir ao encontro das necessidades dos clientes, com o objetivo de gerar dividendos e lucros e a conseguir manter o seu pessoal empregado. A empresa é bem-sucedida se os seus clientes forem bem-sucedidos. Mas nem todas as empresas, ainda que no âmbito da mesma indústria, lidam com os clientes da mesma maneira. Algumas entendem os seus clientes melhor do que as outras. Algumas são mais inovadoras. Outras são mais orientadas para os serviços. Algumas são mais empáticas e éticas do que outras. A cultura produz enunciados sobre quanto a empresa valoriza os seus clientes. A cultura produz enunciados sobre quanto a empresa valoriza os seus clientes. Empresas com uma cultura gorda não valorizam suficientemente os seus clientes.

Uma cultura demasiado concentrada no seu interior terá dificuldade em compreender os clientes e em servir as suas necessidades. As culturas que não escutam os clientes ou que são demasiado descuidadas, quando se trata de compreender e satisfazer as respetivas necessidades, assistirão ao desaparecimento lento dos seus clientes.

Concentrar-se no cliente e na sua satisfação e ser capaz de o deliciar são temas culturais centrais em muitas empresas. Porém, uma empresa em situação de monopólio, ou que possua uma linha de produtos com uma vantagem diferencial significativa, pode facilmente fazer uma escolha cultural que coloque a firma e as pessoas à frente dos clientes. Os preços sobem, as margens aumentam, o serviço é reduzido e a capacidade de resposta diminui. Onde está o cliente?

Aquilo que é dito e feito sob a égide da orientação para o cliente apenas pode servir os interesses de curto prazo da empresa gorda.

A orientação para o interior da empresa também pode tomar a forma de um foco no processo, no qual dominam as regras e os procedimentos. Estes podem entrar em conflito com os melhores interesses do cliente. A rigidez de uma empresa fortemente orientada para os processos vai frequentemente contra os melhores interesses das pessoas e da própria empresa.

O autointeresse de uma empresa ou o autointeresse dos seus empregados podem, por vezes, cruzar a linha da ética. O comportamento pouco ético produz, por vezes, ganhos de curto prazo, mas nunca resulta no longo prazo. Trata-se de uma estratégia míope. Acaba por criar ressentimento e a erosão da lealdade por parte dos clientes, e por encorajar, à primeira oportunidade, a mudança para um concorrente.

Enunciados sobre os empregados

A cultura de uma empresa estabelece normas sobre o modo como as pessoas serão tratadas. A empresa pode respeitar os seus empregados e celebrar os seus êxitos, ou pode explorá-los para gerar lucros mais elevados.

As normas culturais podem ter um efeito profundo na empresa. Ajudam a determinar quem é admitido, como se define um bom e um mau desempenho e quais as formas de interação com os colegas e com outros níveis operacionais dentro da organização. As normas culturais também afetam o modo como são estabelecidos os percursos de carreira, os programas motivacionais e de desenvolvimento e os incentivos para os empregados. Eles determinam a coesão da empresa. Errar em qualquer destas dimensões cria gordura na organização.

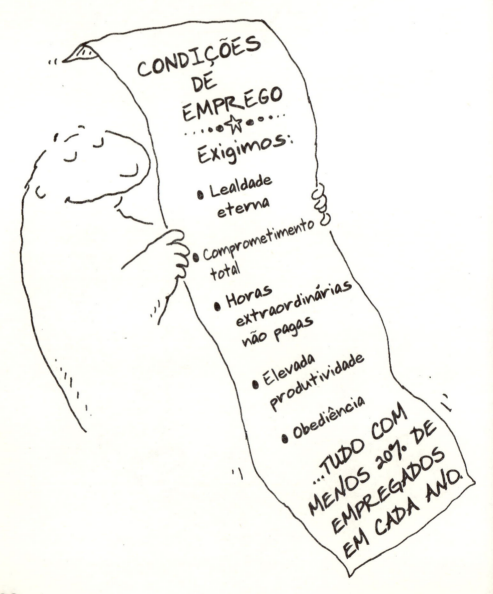

Uma fonte essencial de motivação dos empregados é o reconhecimento. Quando aos supervisores é perguntado o que os subordinados desejam do seu trabalho, eles sugerem um salário elevado e segurança de emprego como as principais prioridades, e colocam bem no fundo da lista a necessidade de reconhecimento e um trabalho interessante. Por sua vez, quando se pergunta aos subordinados aquilo que mais desejam do seu trabalho, eles colocam o reconhecimento e um trabalho interessante antes do dinheiro e da segurança. Este aparente desfasamento entre valores conduz à criação de culturas que não valorizam suficientemente as pessoas.

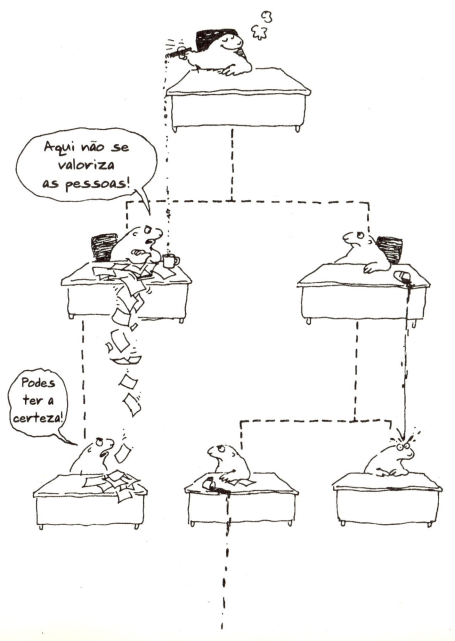

Outro motivador essencial é o *empowerment*. Uma empresa que se mostre constantemente incapaz de atribuir poder aos seus empregados cria uma envolvente na qual as pessoas se sentem subutilizadas. Sentem que têm pouco controlo sobre o seu trabalho, que as suas capacidades estão a ser subaproveitadas e que podiam contribuir muito mais para o êxito da empresa. O que acaba por levar à estagnação. Pouco *empowerment* enfraquece a empresa.

Mas também há casos de excessivo *empowerment*. Por vezes, as pessoas não têm as aptidões, a experiência nem o conhecimento necessário para executar determinada tarefa. Atribuir poder às pessoas erradas, ou atribuí-lo sem formação suficiente ou sem uma direção clara, pode prejudicar quer o indivíduo quer a empresa. Empregados mal sucedidos perdem a motivação e apresentam baixos níveis de satisfação no trabalho. Também perdem credibilidade junto dos colegas e supervisores.

Todas as empresas têm de proporcionar aos seus empregados um trabalho interessante, desafiante e motivador. Mas culturas que estabelecem expectativas irrealistas para os seus empregados, e que os pressionam constantemente para exercer mais e mais esforço e para obter mais e mais resultados, acabam por empurrar as expectativas para lá da capacidade de qualquer um.

Uma pessoa valorizada é apreciada e autorizada. Mas ela também tem necessidade de crescer. Algumas culturas compram estrelas, outras fazem-nas. As pessoas não se desenvolvem em culturas onde a aprendizagem não é a norma. Têm mais possibilidade de êxito no seu trabalho e de crescimento na sua carreira se na sua empresa lhes forem facultadas oportunidades para o desenvolvimento pessoal e se houver orientação pessoal e cultural no sentido de explorar essas oportunidades.

Os empregados não crescem naquelas culturas onde a aprendizagem não é a norma, e as empresas não crescem quando a atenção aos clientes e aos empregados não é a norma. A empresa pode matar a mensagem.

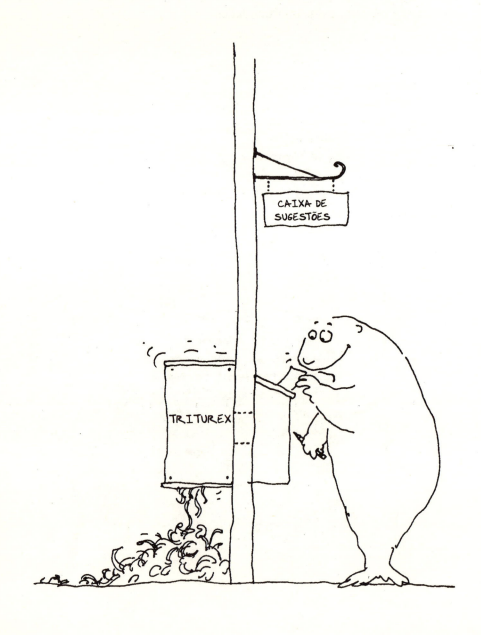

A empresa pode matar o mensageiro.

Mas a empresa matará o seu pessoal se não lhe permitir crescer e triunfar.

Enunciados sobre os ativos da empresa

Uma cultura estabelece normas sobre o valor relativo dos ativos da empresa. As empresas têm êxito quando criam uma envolvente na qual as pessoas são bem-sucedidas porque fazem um uso tão eficiente e eficaz dos seus ativos quanto possível.

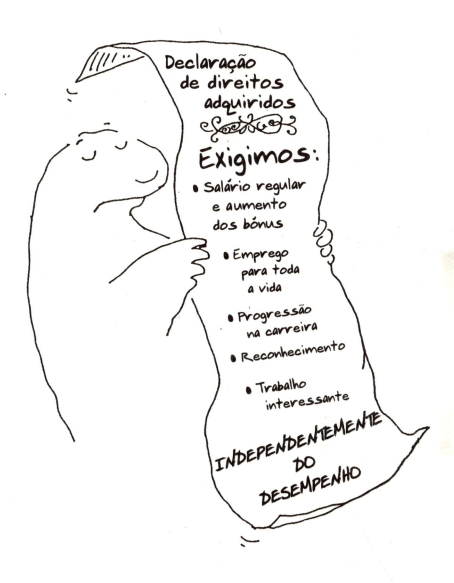

«Não é o meu dinheiro!» é a atitude que prevalece na empresa gorda. O resultado, habitualmente, é a existência óbvia de desperdício e gordura. A gordura ajuda frequentemente os indivíduos à custa da empresa.

Por vezes, o desperdício é desmiolado, não acrescentando valor para a empresa nem para o indivíduo que o provoca.

Uma cultura de «corte de custos» pode conduzir a um subaproveitamento dos recursos da empresa. As pessoas não são tão produtivas como seriam se dispusessem dos recursos, das ferramentas e da formação necessários para realizar corretamente o seu trabalho.

A aplicação incorreta dos ativos da empresa constitui outra fonte de gordura. Mais do que uma vez, um produto promissor definhou devido a uma atribuição de fundos insuficiente, ao mesmo tempo que campeões de produto altamente persuasivos devoraram com sofreguidão uma quantidade excessiva de recursos para os seus produtos. Os ativos da empresa podem ser deficientemente distribuídos por divisões, mercados, funções e indivíduos.

CAPÍTULO 9:
O estilo de trabalho da empresa

Os valores refletem aquilo que é importante para a empresa. O estilo de trabalho descreve as ações e as decisões da empresa. A Roda do Estilo de Trabalho descreve algumas das muitas escolhas de estilos de trabalho, que definem a cultura da organização. Embora uma atividade extrema em qualquer das dimensões possa ser necessária em certas envolventes, as posições extremas conduzem geralmente à ineficácia e à ineficiência. Os estilos de trabalho não são nem bons nem maus, apenas apropriados ou inapropriados.

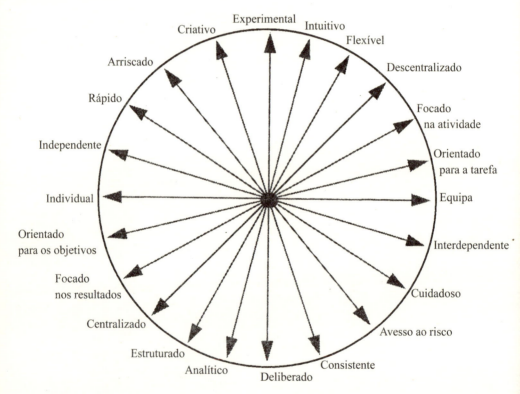

O estilo de trabalho de uma empresa é caracterizado por quem faz o trabalho e pela forma como o faz.

Quem faz o trabalho

A cultura da empresa especifica quem toma as decisões e quem faz o trabalho. A cultura resolve vários dilemas:
> Quem toma as decisões?
>> Os gestores? Os líderes? Indivíduos autorizados? As equipas? Equipas autorizadas?
>
> Quem faz o trabalho?
>> Os gestores? Os líderes? Indivíduos autorizados? As equipas? Equipas autorizadas? Outra empresa?

A cultura também ajuda a decidir quando e em que circunstâncias cada uma destas alternativas é mais apropriada. Uma empresa engorda quando empobrece as suas escolhas a respeito de «quem».

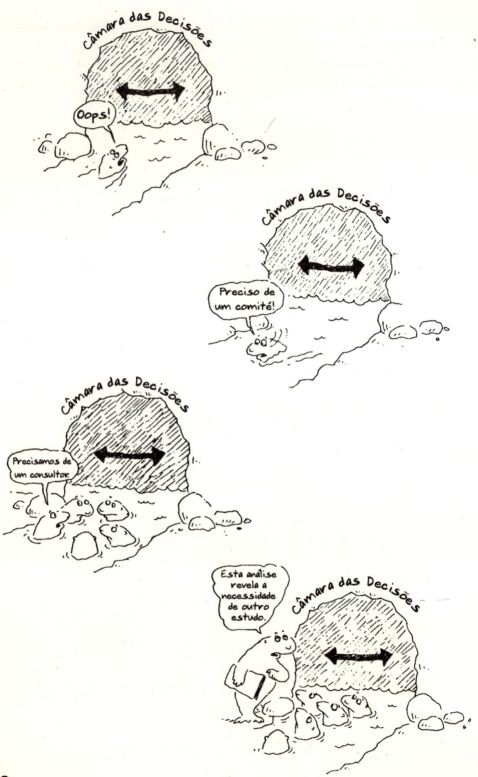

O trabalho em equipa pode ser bastante eficaz quando todos os participantes contribuem de forma única. Por outro lado, as equipas com membros oportunistas, ambiguidade de papéis sociais ou falta de criatividade, de organização ou de aptidões de implementação podem tornar-se bastante ineficazes.

O trabalho numa empresa requer discernimento e aceitação do risco. As pessoas tentarão reduzir a incerteza e o risco através da discussão e da partilha de responsabilidades. Mas reuniões excessivas e a construção do consenso podem levar a uma cultura de gordura.

O número de presentes numa reunião aumenta rapidamente à medida que a multidão que «gostava de saber» se junta aos participantes que «precisam de saber».

Como é realizado o trabalho

A cultura da empresa especifica como são tomadas as decisões e como é executado o trabalho. Ela pode encorajar ações que partem da cabeça, do coração ou da vontade. Uma cultura pode ser criativa, intuitiva e rápida. Outra pode ser estruturada, analítica e lenta. Cada estilo pode ser adequado consoante as circunstâncias.

As empresas andam à deriva quando não conseguem definir objetivos claros e específicos. Os clientes ficam confundidos quanto ao valor que recebem, e os empregados ficam confusos quanto ao seu papel na organização.

As culturas que possuem uma perspetiva demasiado otimista ou que estabelecem objetivos demasiado ambiciosos desenvolvem estilos de trabalho que encorajam estratégias irrealistas.

Os estilos de trabalho que abraçam objetivos míopes conduzem habitualmente a tomadas de decisão, a comportamentos e a resultados míopes.

Muitos mercados estão a passar por rápidas mudanças. A aceitação do risco é essencial para o êxito em mercados altamente incertos. Uma cultura de penalização congela a atividade, porque toda a gente tem medo de tentar a sua sorte.

Uma empresa pode ter um estilo de trabalho rígido ou flexível. Um estilo de trabalho estruturado pode revelar-se mais apropriado quando a empresa enfrenta uma situação de trabalho repetitiva. A flexibilidade torna-se crítica quando a firma enfrenta com frequência uma grande amplitude de situações de negócio. A adaptabilidade torna-se essencial uma vez que os mercados e as envolventes mudam constantemente.

A velocidade de decisão e de ação pode ser rápida ou lenta. Cada qual pode revelar-se apropriada nas circunstâncias certas.

As culturas competitivas podem sê-lo interna ou externamente. Os fluidos competitivos são mais bem despendidos externamente, com o verdadeiro concorrente.

Muitas empresas tornam-se fortemente politizadas. As relações ganham precedência sobre a competência. As decisões tendem a ser politicamente motivadas e contrárias a uma lógica de mérito.

As empresas são constantemente bombardeadas com novas ideias, sendo por vezes as suas ações guiadas pelas modas de gestão. A excelência, a qualidade, as mudanças de paradigma, a reengenharia, as equipas de elevado desempenho, a subcontratação – seja qual for o chavão de hoje ou de amanhã – provavelmente captarão uma visão parcial do complexo mundo das pessoas e da cultura. Pode até tratar-se de grandes ideias, que mereçam ser incorporadas no nosso conhecimento geral da prática de gestão. Em todo o caso, haverá sempre situações em que cada conceito ou prática falhará, como conceito ou como aplicação. Compete sempre às pessoas da empresa usar o pensamento criativo e a capacidade de resolução de problemas para desenvolver soluções de negócio mais apropriadas.

CAPÍTULO 10:
Como as culturas se tornam e permanecem gordas

As culturas evoluem lentamente. Os valores são articulados pelos líderes e reforçados pelas lendas e pelas celebrações. Os estilos de trabalho são adotados quando vão ao encontro das necessidades das pessoas e quando se ajustam quer à cultura atual quer à cultura desejada para o futuro.

Apenas as pessoas que fazem parte da empresa são capazes de mudar uma cultura. Somente elas a podem engordar. Elas criam culturas gordas quando têm predisposição para a gordura ou quando escolhem a via da facilidade. O princípio dos direitos adquiridos sugere que, uma vez tendo a gordura tomado conta de uma cultura, o seu impacte acelera.

A envolvente da empresa dita a extensão em que a gordura pode penetrar numa cultura. É difícil engordar numa envolvente desfavorável, ao passo que uma envolvente favorável convida à gordura.

As culturas mantêm-se frequentemente gordas porque a empresa não tem consciência de que possui uma cultura gorda. A empresa vai bem. Não mede os seus sinais vitais, e não existe qualquer processo de *benchmarking* externo que lhe indique quão bem poderia estar a fazer.

O mesmo pode acontecer porque, na empresa, apesar da consciência da existência de uma cultura gorda, os empregados gozam dos seus benefícios. Preferem manter o *statu quo*.

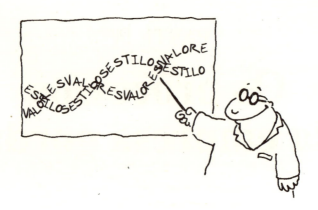

Resumo

A cultura da empresa é o seu ADN. Ela especifica as regras que, não estando escritas, ajudam a definir-se a si própria. Clarifica a importância de dimensões como a satisfação do cliente, a integridade, o *empowerment*, o reconhecimento, a aprendizagem, a agilidade, a competição, as ações políticas, as modas, o trabalho duro, o controlo de custos, o foco financeiro de curto prazo, a aversão ao risco e o trabalho de equipa. As prioridades da empresa encontram-se resumidas nos seus valores e estilos de trabalho. Valores e estilos de trabalho inapropriados conduzem à criação de uma cultura gorda.

Uma cultura gorda não é fácil de mudar porque guia os comportamentos de toda a empresa e influencia a escolha de novas admissões. Ela possui uma inércia intrínseca que apenas (pelas pessoas da empresa) pode ser afetada pelos seus empregados. Este circuito – a cultura influenciando os empregados da empresa, e estes influenciando-a por seu turno – coloca as pessoas na posição de determinar se, no futuro, a empresa terá uma cultura gorda ou em forma.

PARTE IV
Os processos da empresa gorda

Uma empresa usa uma multiplicidade de processos para gerir as suas atividades e os seus resultados. As pessoas criam e trabalham os processos.

Há processos que afetam as pessoas que trabalham na empresa, processos que afetam os seus clientes e processos que afetam os seus produtos e serviços. Há processos para:

- admitir, formar, transmitir *feedback*, motivar, recompensar e comunicar;
- inventar produtos e serviços;
- obter matérias-primas e produzir e montar produtos finais;
- levar o mercado a tomar conhecimento dos produtos e dos serviços da empresa, desenvolver soluções para os consumidores e proceder à entrega de produtos e serviços;
- arranjar dinheiro, controlar custos e medir o êxito financeiro.

Quão bem os processos são estruturados, quão bem eles operam e a forma como evoluem ao longo do tempo determina se uma empresa é gorda ou está em forma.

Uma definição de processo

Cada um dos processos da empresa consome recursos e faz uso de atividades para produzir resultados. Por exemplo, um processo de produção pode utilizar matérias-primas, máquinas e pessoas como *inputs*. As atividades incluem a programação, o arranque, a montagem, o fluxo material, o controlo de qualidade, o embalamento e a limpeza. Um produto embalado, pronto para ser enviado ao consumidor, é o *output* do processo. A relação entre recursos, atividades e resultados traduz-se em eficiência e eficácia. A eficiência é a razão entre a atividade e o *input*, correspondendo a eficácia ao nível de *output* obtido para o nível de atividade.

Cada processo tem um *output* desejado. Um processo é muito eficaz quando a atividade apropriada e o nível adequado dessa atividade são usados para gerar o *output*. Um processo ineficaz desperdiça atividade. Um processo é eficiente quando a mínima quantidade de recursos é consumida para a atividade especificada pelo objetivo. Um processo ineficiente desperdiça recursos.

Um processo com níveis elevados de eficácia e de eficiência apresenta uma elevada produtividade. Processos ineficientes ou ineficazes dão guarida à gordura.

Existem dois outros componentes dos processos que podem contribuir para a sua elegância ou gordura. Trata-se da escala e da articulação, que definem como um processo pode pôr em forma o negócio da empresa.

Todos os processos têm uma escala. Os processos pesados utilizam uma grande quantidade de *input* e originam uma grande quantidade de *output*. Os processos ligeiros usam pouco *input* e originam pouco *output*. Um processo com a escala apropriada diz-se de dimensão certa ou corretamente dimensionado.

Os numerosos processos que ocorrem no interior de uma empresa encontram-se ligados entre si. O *output* de um processo serve habitualmente como *input* de outro. Esta articulação pode criar problemas de coordenação em termos de *timing*, escala ou incompatibilidade entre o *output* de um processo e o *input* de outro. A complexidade envolvida na sincronização dos processos aumenta de forma geométrica com o número de processos que é necessário articular.

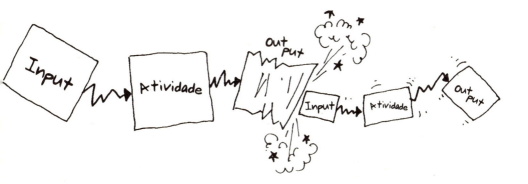

CAPÍTULO 11:
Ilustração de um processo de admissão

A admissão serve como exemplo de um processo que tem lugar em todas as empresas e constitui uma boa ilustração de cada um dos componentes primários de um processo. O processo de admissão usa o orçamento do recrutamento e os candidatos como *inputs*. As atividades de admissão podem incluir o desenvolvimento de um perfil funcional, a constituição de uma base de candidatos, a realização das entrevistas, a seleção e persuasão dos candidatos. Os *outputs* do processo de admissão podem ser medidos em termos de números de admissões, do nível qualitativo dos novos empregados e da percentagem de bons candidatos admitidos que continuam na empresa ao fim de cinco anos.

Recursos do processo de admissão

O *input* do processo de admissão pode ser o apropriado, mas também pode ser demasiado grande, demasiado pequeno ou inapropriado. Pode ser orçamentado demasiado dinheiro para o *output* requerido, o que gera a ineficiência e o desperdício. Pode ser orçamentado pouco dinheiro, o que origina um processo incapaz de alcançar a escala necessária para ir ao encontro dos seus objetivos e dos seus *outputs*. A utilização de recrutadores errados pode enfraquecer o processo – se são selecionados fracos empregados como recrutadores, serão feitas fracas escolhas de seleção. As pessoas tendem a fazer admissões à sua própria imagem. Elas eliminam frequentemente candidatos que constituem uma ameaça pessoal. Os recrutadores influenciam o perfil dos candidatos que se apresentam numa «forma» idêntica à da organização.

Eficiência na admissão

Se já é suficiente um candidato ser entrevistado por cinco pessoas, aumentar o número para dez é um desperdício. Um processo de admissão eficiente utiliza a melhor quantidade de *inputs*, tais como tempo e dinheiro, para a atividade de admissão desejada. Um processo de admissão ineficiente gasta demasiado dinheiro e tempo para o desenvolvimento de uma base de candidatos, filtragem dos *curricula*, entrevistas, verificação de referências, seleção final e atração dos candidatos. É necessária uma quantidade excessiva de *input* para a atividade desejada.

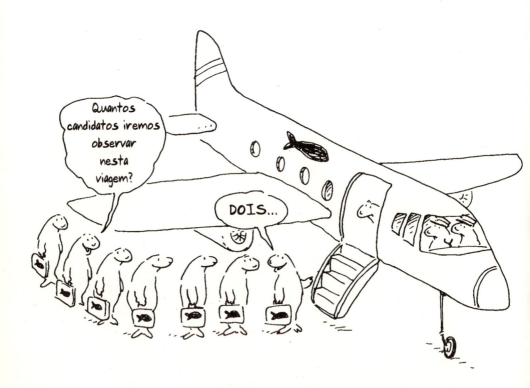

A atividade de admissão

A atividade correta de admissão pode incluir o desenvolvimento de um perfil de candidatura atualizado, a aplicação de testes objetivos de modo a verificar se o candidato poderá ser bem-sucedido na função, a verificação de referências e a utilização de entrevistas comportamentais. A atividade errada é definida em termos da sua incapacidade para produzir o resultado desejado.

Eficácia de admissão

Um processo de admissão é eficaz se as atividades do processo produzirem os resultados desejados. A seleção ajuizada dessas atividades incrementa a eficácia do processo de admissão. Por exemplo, os testes de competência na função são mais eficazes do que as entrevistas, as recomendações produzem melhores candidatos do que *curricula* não solicitados ou anúncios de jornal, e programas de atração pós-oferta bem preparados aumentam a taxa de aceitação. Os processos ineficazes de admissão geram muito poucas admissões em relação ao investimento na atividade de recrutamento.

Output da admissão

O processo de admissão tem de produzir empregados capazes de ser bem sucedidos nas suas funções, no presente e no futuro. Como as definições de funções mudam ao longo do tempo, o processo tem de adequar as capacidades, os conhecimentos e o potencial de crescimento do candidato à função a desempenhar. É importante utilizar o potencial de crescimento no perfil de admissão. Um desajuste entre o potencial do candidato e as exigências do trabalho dará origem à frustração, tanto para o candidato como para a empresa, no presente ou no futuro.

A qualidade da admissão sobrepõe-se à quantidade das admissões. As empresas, por vezes, apressam-se demasiado a preencher uma posição vaga, esquecendo-se de prestar atenção suficiente à qualidade. Esta admissão, do tipo antiarrefecimento do lugar, é uma fonte comum de *output* de admissão insuficiente.

Escala da admissão

A escala de um processo de admissão pode ser demasiado grande, demasiado pequena ou pode ter a dimensão correta. Um processo de admissão eficiente e eficaz pode, ainda assim, ter muito pouco ou demasiado *output*. O processo pode conduzir ao excesso de admissões para as posições disponíveis, ou então à sua escassez – isto pode facilmente acontecer se o processo de admissão for estático e duplicar o bom trabalho realizado no ano anterior, quando a conjuntura da época requeria mais ou menos pessoas. O problema não está na eficácia nem na eficiência, mas apenas na escala – a organização está a fazer admissões a mais ou a menos.

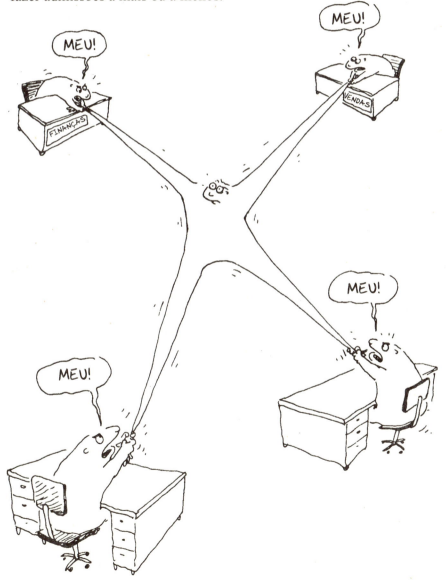

Articulação da admissão

O *output* do processo de admissão serve de *input* para outros processos de pessoal, tais como a formação e o desenvolvimento – e para outros processos funcionais, tais como a investigação, a produção e as vendas. O processo de admissão fornece a qualidade e a quantidade de pessoal necessário para assegurar que a empresa seja capaz de cumprir os seus objetivos. Este processo também pode não ser capaz de abastecer a empresa com as pessoas necessárias para o êxito.

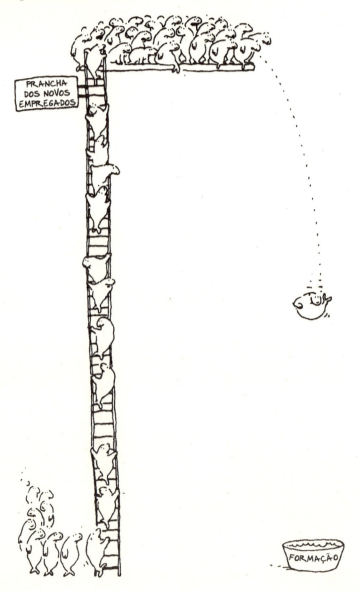

CAPÍTULO 12:
Os componentes do processo

Os elementos primários do processo – *inputs*, atividades e *outputs*, as relações entre eles – *eficiência* e *eficácia* e as dimensões do sistema – escala e articulação – proporcionam uma compreensão sobre o funcionamento do processo. Nem sempre é fácil isolar a gordura num processo. Será que ele utiliza recursos excessivos? A atividade estará errada? Uma atividade diferente produzirá o *output* com mais eficácia? A escala e a articulação podem ser difíceis de julgar. A eficiência também deve ser relativamente fácil de perceber. A eficácia é, provavelmente, o aspeto mais difícil de apreender, uma vez que existe sempre espaço para melhoria.

Os processos da empresa são produtivos quando os recursos (*inputs*) são utilizados de modo eficiente, por forma a criar atividade que conduza ao *output* da maneira mais eficaz. Quando qualquer destes componentes falha, o processo pode conter gordura.

Recursos

A aplicação de demasiados recursos a um processo produtivo irá gerar demasiado *output*. De outro modo, o *output* será prejudicado por perdas de eficiência, atividades erradas, baixa eficácia ou *outputs* errados.

O excesso de recursos não é a única fonte de gordura. O recurso disponível pode não ser o mais apropriado para o processo.

A aplicação excessiva de recursos a um processo pode ocorrer quando existe um poderoso proprietário do processo.

Eficiência

Os processos eficientes usam a menor quantidade possível de recursos para gerar o nível desejado de atividade. Os processos ineficientes são considerados gordos porque geram atividade insuficiente em relação aos recursos comprometidos. As ineficiências surgem sob diversas formas. As atividades redundantes ou desnecessárias produzem desperdícios. A descoordenação das atividades lentas fazem gastar tempo.

Por vezes, o *output* não é afetado pela remoção dos componentes redundantes do processo.

A atividade excessiva é um desperdício.

A falta de coordenação cria ineficácia.

A atividade lenta é ineficiente.

Atividade

Uma grande parte do redesenho dos processos centra-se na identificação e na remoção das atividades de desperdício que neles existam. Essas atividades podem não ser necessárias porque duplicam outras atividades, porque não servem um propósito útil, ou porque não são as melhores tendo em conta os fins em vista.

À medida que as empresas crescem em dimensão e complexidade, torna-se difícil ter uma imagem completa da organização. As pessoas tendem a centrar-se no seu próprio e limitado domínio, no qual tomam decisões que lhes parecem ser as melhores para si próprias. Para a empresa como um todo, aquilo que uma pessoa «tem de ter» torna-se o fardo que impede outra pessoa de fazer aquilo que é realmente necessário.

Algumas atividades têm um impacto imediato. Um corte de custos severo é uma delas. As atividades essenciais podem ser subestimadas com a pressa de alcançar uma solução rápida.

À medida que os departamentos se vão sobrepondo uns aos outros, as empresas podem ter problemas com simples pedidos dos clientes – a multiplicidade dos pontos de contacto e a falta de coordenação ao longo destes dão origem ao desperdício e à gordura.

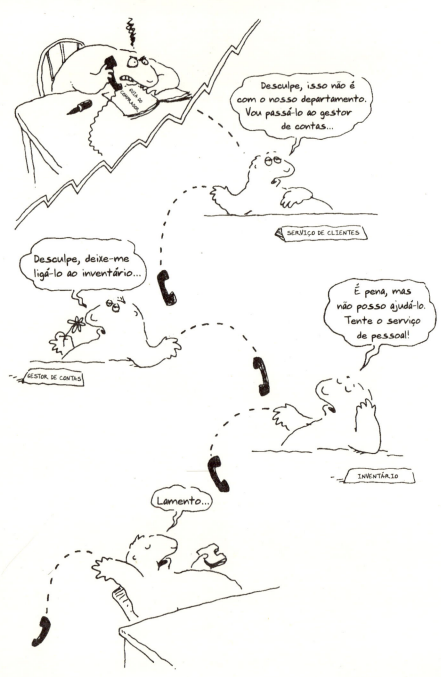

As pessoas podem erguer barreiras para se protegerem ou isolarem.
Os custos são a falta de comunicação e de sinergias.

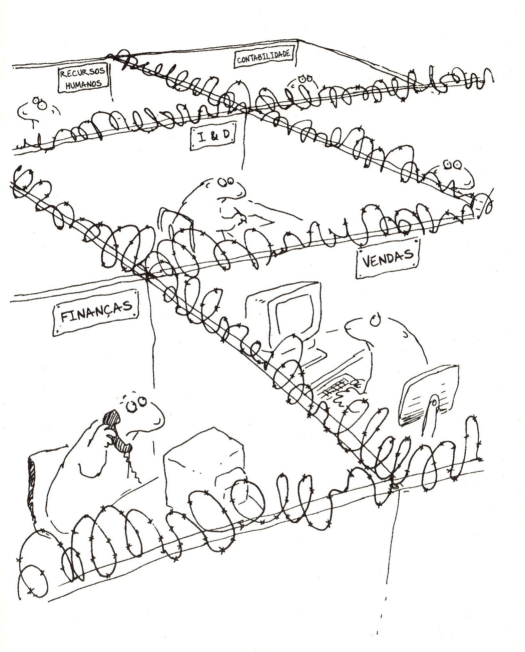

Os processos eficazes usam exatamente a atividade correta para a obtenção do *output* desejado. Os processos são ineficazes quando é utilizado um excesso de atividade ou a atividade incorreta em relação aos resultados obtidos.

Um processo é mais eficaz quando passa a funcionar de modo mais sábio e não com maior esforço.

Maior atividade nem sempre produz uma quantidade proporcionalmente superior de *output*. Pode chegar-se ao ponto em que o acréscimo de atividade, na verdade, diminui o *output*. A atribuição de um excesso de pessoas a um projeto é um exemplo deste fenómeno. O excesso de publicidade é outro.

O excesso de entusiasmo pode levar ao exagero.

A falta de uma direção clara ou a ausência de comunicação também podem resultar num processo ineficaz.

Output

Um processo poderá não produzir *output* suficiente. Ou pode produzir um *output* suficiente mas desprovido de qualidade. Ou sem relevância ou significado, tal como no caso de um produto que ninguém deseja.

O *output* do processo pode ser baixo apenas porque a empresa coloca a fasquia dos seus objetivos muito baixa.

Escala

Um processo pesado usa demasiados recursos e produz muito pouco *output*.
Um processo leve usa poucos recursos e produz muito pouco *output*.

Os processos pesados ocorrem, com frequência, quando um indivíduo, ou um grupo de indivíduos, sente poder retirar ganhos pessoais da proeminência de um processo.

Os campeões de processo têm tendência para elevar continuamente a proeminência dos seus processos. A importância percebida do processo conduz ao aumento da sua escala. Em breve, o processo ter-se-á tornado demasiado pesado. Demasiados recursos são consumidos. A empresa não sabe o que fazer com todo o *output*.

Os processos leves geralmente não têm um campeão de processo ou, se têm, não são capazes de gerar interessa suficiente no processo.

Articulação

Os processos de uma empresa encontram-se todos articulados entre si. O *output* de um processo serve frequentemente como *input* para outro. A articulação do processo pode criar problemas de coordenação e reduzir a produtividade.

Muitos processos utilizam *inputs* provenientes de diversas áreas de negócio ou de diferentes grupos de um departamento. A falta de coordenação ou de articulação pode conduzir ao desperdício.

Ocasionalmente, as melhorias de processo que parecem dar um grande impulso ao *output* são apenas um acréscimo de desperdício, porque uma fase anterior não forneceu suficiente *input*, ou uma fase subsequente não tem capacidade para utilizar o *output* com a rapidez necessária.

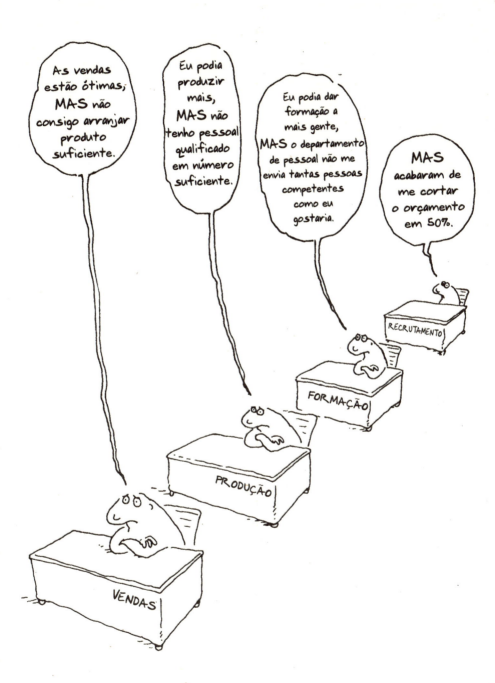

Uma organização funcional, com fracas ligações transfuncionais, produz resultados indesejados.

CAPÍTULO 13:
Como engordam os processos

Os processos ajustados são flexíveis e evoluem no sentido das necessidades da empresa. Os processos gordos minam o potencial êxito da empresa. Os processos podem ser gordos desde o começo, ganhar gordura devido à falta de disciplina interna, ou tornar-se gordos devido a fatores ambientais externos.

Criação de processos

As pessoas, por vezes, criam processos não essenciais ou desnecessários. Quando isso acontece, elas engordam o processo para sempre. O processo pouco valor acrescenta, exceto na medida em que proporciona segurança ou satisfação temporária aos seus criadores ou participantes.

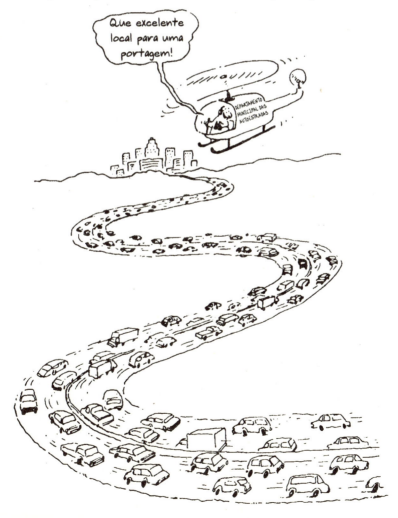

203

Outras vezes, processos úteis são mal desenhados. Depois de uma crise inicial e de uma fase de recuperação da forma podem continuar a operar de modo ineficiente e ineficaz. Quando os componentes do processo são mensuráveis, a melhoria contínua é mais provável.

Todavia, mesmo nestes casos, o processo pode continuar estagnado, porque os campeões de processo não têm a consciência de que o seu processo foi mal concebido, ou porque podem simplesmente estar a bloquear qualquer tentativa de melhoria.

Evolução do processo

Os processos podem tornar-se gordos, grama a grama, devido à negligência e à falta de disciplina. O que é tanto mais provável quando o processo é difícil de medir. A medição do processo melhora o respetivo conhecimento.

Os responsáveis pelo processo podem não estar a prestar-lhe atenção, ou a sua escala pode representar influência e poder na empresa.

Os processos podem estar bem delineados mas falharem na fase de implementação e execução. Com frequência, a pessoa errada ou uma equipa inapropriada são selecionadas para proceder à implementação. As aptidões para o desenho de processos e para a sua implementação nem sempre são as mesmas.

Manter um processo disciplinado é um trabalho duro. Por vezes, os donos dos processos optam pela facilidade. E a escolha da facilidade pode engordar os processos.

TRABALHO FÁCIL

TRABALHO DIFÍCIL

Fatores ambientais

Processos adaptados a um espaço e a um tempo podem tornar-se obsoletos devido às alterações da envolvente.

Um concorrente inovador pode tornar um processo obsoleto.

A tecnologia pode tornar um processo obsoleto.

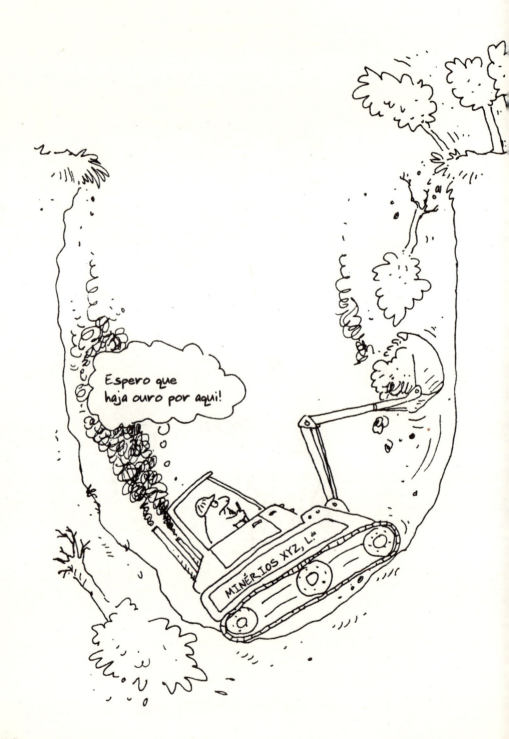

As mudanças nos gostos do consumidor estão frequentemente na base da obsolescência de um processo.

CAPÍTULO 14:
Por que sobrevivem os processos gordos

A cultura e as pessoas da empresa sustentam os processos gordos. Os responsáveis pelos processos podem não se aperceber de que o seu processo é gordo. Podem não querer melhorar um processo. Por outro lado, a cultura da empresa pode aceitar, senão mesmo alimentar, processos medíocres. As coisas vão bem. A empresa vai alcançando os seus objetivos. Para quê mudar?

Pessoas

As pessoas criam processos. Apenas elas os podem melhorar. Porque não desejariam os empregados de uma empresa que os seus processos operassem ao máximo nível de desempenho? Porque, em certas alturas, a sua motivação, a sua falta de capacidades ou os seus valores e as suas atitudes podem entrar em conflito com a produtividade do processo.

Motivadores

As necessidades das pessoas – de sobrevivência, poder, realização, afiliação social e gratificação do ego – podem entravar a melhoria dos processos.

Capacidades

Os processos podem permanecer gordos quando aos seus responsáveis faltam as capacidades de liderança, de gestão ou de execução necessárias para a introdução de melhorias.

Valores e atitudes

As pessoas podem alimentar processos gordos por complacência. Os seus valores e as suas atitudes têm um impacto imediato nos processos em que participam.

Cultura

A cultura da empresa é uma força muito poderosa. Os processos misturam-se com a cultura. Com o tempo, uma mudança de processo pode requerer uma mudança de cultura. Culturas rígidas e dogmáticas, fortemente investidas de história e *statu quo*, sustentarão processos fracos e ultrapassados.

A cultura de uma empresa é guiada pelos seus valores e refletida no seu estilo de trabalho. As culturas que valorizam a inovação e a melhoria, bem como estilos de trabalhos adaptativos, inspirarão melhorias de processo. Valores e estilos de trabalho rígidos levarão a processos gordos.

Os valores e o estilo de trabalho são comunicados pela empresa através de heróis, mitos e sistemas de recompensa. Os processos estreitamente associados a uma lenda podem sobreviver mais tempo que o recomendável.

Resumo

Uma empresa usa muitos processos para gerir as suas atividades e os seus resultados. Uma empresa com uma cultura adaptável pode conseguir ficar em forma através de constante avaliação dos seus processos e de um empenho na sua melhoria. Os processos gordos atrasam a marcha da empresa. Usam demasiados *inputs*, criam atividade inapropriada, ou produzem muito pouco *output*. Podem ser ineficientes ou ineficazes e têm uma escala inapropriada ou articulações não exequíveis. O diagnóstico nem sempre é fácil. As fontes de gordura podem ser esquivas, e os campeões de processo quase sempre defendem as suas criações.

PARTE V
A empresa em forma

A mudança é o segredo do ajustamento

Todas as empresas, gordas ou em forma, precisam de mudar continuamente para sobreviver e ter êxito. A mudança é o segredo para ficar em forma. Mas não qualquer mudança – a mudança relevante! A mudança inclui a melhoria das competências pessoais, a adaptação da cultura e a reformulação dos processos. A mudança é necessária para lidar com os novos desafios. Mas a mudança implica riscos e incertezas. É isso que faz dela trabalho duro e não tarefa fácil. A empresa em forma melhora constantemente para manter a sua vantagem. A empresa gorda precisa de mudar drasticamente para ficar em forma.

Outras precisam de cirurgia.

O ficar em forma não tem que ver só com a REGALADA, a empresa gorda numa envolvente favorável. O desafio da REGALADA é o de ficar em forma antes que a envolvente se torne desfavorável. A TEMEROSA sabe que está em apuros. Não tem outra escolha senão modificar a sua estrutura. Para a LUTADORA, o desafio é manter-se em forma ou morrer. A DURONA tem, provavelmente, o desafio mais difícil de todos – trabalhar duramente para se manter em forma, resistindo à tentação e ao apelo do trabalho fácil.

Como muda uma empresa? Ela adapta-se e cresce, mudando as suas pessoas e a sua cultura. Tem êxito se fizer evoluir a sua direção e a sua estratégia, a sua estrutura e os seus processos. O ficar em forma diz respeito à evolução e à adaptação.

Uma empresa não muda por mudar.

Ela reestrutura-se para responder às novas realidades. Muda por identificar, criar a aproveitar novas oportunidades.

A mudança pode ser do tipo BIG BANG ou contínua

A empresa pode mudar completamente ou incrementalmente. A mudança completa é rápida – Big Bang, a partir da estaca zero, por reengenharia, começar do nada, mudar tudo.

A mudança incremental é evolutiva – melhoria constante e permanente, contínua, disciplinada, uma luta diária para ficar em forma, *Kaisen*.

A mudança completa é cirúrgica, a mudança contínua é exercício. Cada uma delas é possível e desejável sob diferentes circunstâncias. Condições dinâmicas de mercado podem exigir uma resposta rápida da empresa. A mudança rápida pode ser essencial. Numa envolvente estável, a mudança contínua pode ser preferível à transformação total.

As pessoas, a cultura e os processos da empresa têm diferentes proporções para a mudança. Uma mudança completa ocorre com maior probabilidade em processos bem definidos, com poucas articulações e dependências. Os processos são mais fáceis de mudar do que as pessoas ou a cultura. Os primeiros podem ser mudados rapidamente; os outros podem tomar lugar incrementalmente e serem precisos anos para isso acontecer.

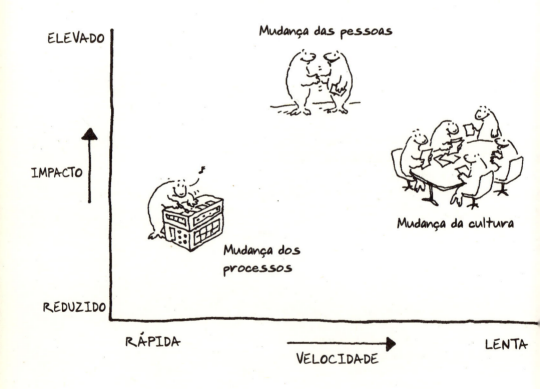

CAPÍTULO 15:
Mudar as pessoas

Por vezes, a empresa precisa de pessoas diferentes. Outras vezes, precisa das mesmas pessoas mas com capacidades melhoradas. As pessoas certas com as capacidades certas precisam ainda de ser motivadas para desempenhar e para alinhar as suas energias com a empresa – precisam de recompensas e de incentivos. A organização tem de definir papéis e responsabilidades para os seus empregados, de modo a poder alcançar os seus objetivos.

Quatro processos podem mudar as pessoas de uma empresa: seleção, desenvolvimento, recompensas e organização.

Seleção

Selecionar é escolher a quem são atribuídas tarefas, grupos de trabalho ou funções. A seleção inclui decisões como quem será admitido na empresa, a quem serão atribuídas as posições em aberto e quem será convidado a deixar a empresa. O trabalho de uma organização é executado pelas pessoas. Mudem-se as pessoas, e a qualidade da empresa será modificada.

O processo de seleção pode enfraquecer ou reforçar a empresa. Ele á conduzido pelas pessoas responsáveis pela seleção e pela cultura da empresa.

A gordura aparece quando as pessoas melhoram a sua posição contratando indivíduos mais fracos do que elas próprias.

A empresa torna-se mais forte quando são contratadas pessoas cada vez melhores.

Quando uma empresa tem empregados fracos numa cultura estagnada ou decadente, com processos obsoletos, a solução é, frequentemente, uma mudança no topo. O que é muitas vezes necessário é uma pessoa diferente – alguém que não tenha ligações ou laços pessoais com o passado.

Seja por causa das forças envolventes ou das estratégias defeituosas do passado, a empresa gorda precisa frequentemente de pôr em forma a sua força de trabalho. Os maiores erros costumam ser feitos no topo. O preço mais alto costuma ser pago na base.

A seleção ou a promoção de uma pessoa tem um efeito indireto – comunica os valores que desejamos encontrar nos nossos empregados.

Desenvolvimento

A empresa e os seus empregados são motivados e melhorados pelo crescimento pessoal e profissional. Este crescimento decorre do trabalho estimulante, da influência dos colegas e dos programas formais de desenvolvimento. A empresa reforça este processo reconhecendo o crescimento como prioridade e patrocinando formas através das quais as pessoas possam expandir as suas aptidões e os seus conhecimentos.

A cultura de empresa é uma força poderosa no desenvolvimento dos empregados. O sistema de valores pode definir a aprendizagem como parâmetro de êxito, ao passo que o estilo de trabalho pode encorajar a comunicação aberta, os benefícios do treino, a ajuda de *coaching* e as avaliações de desempenho construtivas.

Recompensa

A estrutura de recompensa de uma empresa é uma fonte de orientação e motivação para as pessoas. A empresa recompensa as pessoas pelo seu empenho, pelo seu trabalho e pelos seus resultados. As recompensas podem sintonizar, de modo eficaz, os motivadores pessoais de cada um com as necessidades da empresa.

Quando abundam as oportunidades para o trabalho fácil e para a gordura, a estrutura de recompensas tem por função aumentar a atratividade do trabalho duro. Define a forma como a pessoa e a empresa podem ganhar conjuntamente.

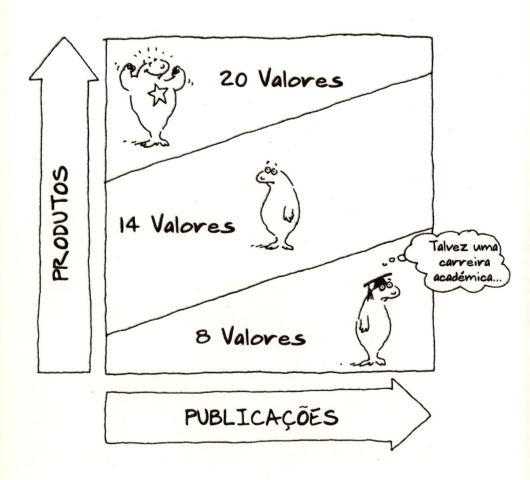

As recompensas são quer tangíveis quer intangíveis. As recompensas tangíveis incluem dinheiro e benefícios, tais como viagens e eventos especiais. As intangíveis incluem a apreciação, o reconhecimento, a segurança e o sentimento de pertença. Recompensas intangíveis, apreciativas, consistentes e credíveis têm, frequentemente, um impacto superior ao das recompensas tangíveis.

O apoio às iniciativas individuais também é uma recompensa. A empresa atribui tempo e dinheiro aos indivíduos para facilitar o seu êxito profissional. Ela assinala a importância dos projetos e das pessoas através da forma como estes recursos são divididos. As pessoas podem obter recursos para aliviar a sua carga, construir mercados ou fazer crescer os seus processos.

Reorganização

A empresa pode modificar as pessoas através da reorganização do trabalho. O trabalho é alterado quando mudam os objetivos. Uma empresa que redefine tarefas e atividades cria diferentes expectativas aos indivíduos. Por exemplo, uma empresa pode substituir o trabalho individual pelo trabalho em equipa por os clientes quererem serviços que dependem de diversas capacidades da empresa.

Para acelerar a tomada de decisão e para levar as decisões até à informação, as empresas podem criar estruturas horizontais ou devolver a responsabilidade aos níveis mais baixos da organização.

A reorganização com vista a ficar em forma significa eliminar as atividades que obstruem o propósito da empresa.

CAPÍTULO 16:
Mudar a cultura

Só as pessoas podem mudar a cultura de uma organização. As pessoas atualizam as culturas estabelecendo um conceito de cultura; comunicando, de um modo constante e consistente, os valores e o estilo de trabalho que pretendem; incorporando nas próprias ações a cultura desejada; e recompensando os comportamentos que reforçam a cultura.

Estabelecer uma visão de cultura

As culturas são constantemente expressas e adaptadas. As decisões são tomadas, os êxitos são celebrados, os valores são expressos, e as escolhas do estilo de trabalho são reforçadas. Quer uma empresa seja gorda ou esteja em forma, o desafio é a redefinição da visão cultural dominante, que precisa de ser apoiada ou revista. Tratar-se-á da ênfase no cliente? Do reconhecimento dos empregados? Ou será que o aumento da diversidade do cliente dita um estilo de trabalho mais descentralizado? A visão guia a revisão cultural.

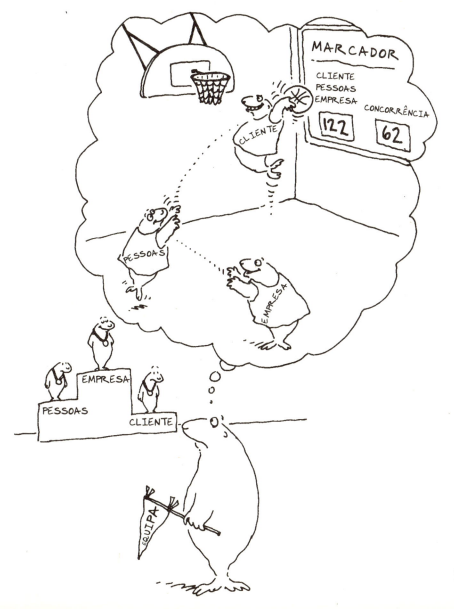

Comunicar os valores e estilos de trabalho preferidos

A visão cultural da empresa tem de ser comunicada repetida, consistente e convincentemente. Ela é comunicada pelos líderes da empresa nas suas apresentações públicas. É comunicada pelos gestores quando desempenham os seus papéis de formadores e mentores. É comunicada por todos os empregados nas suas atividades diárias e interações com os outros. As lendas e os heróis do estar em forma são celebrados. Os valores e os estilos de trabalho que favorecem o estar em forma tornam-se parte da memória da empresa.

Enquanto os valores e os métodos de ficar em forma são celebrados, os valores da gordura são questionados e desencorajados.

Incorporar os valores e o estilo do trabalho nas ações

As culturas modificam-se quando as pessoas da empresa acompanham as palavras de ações. Se não sentirem que a cultura está em forma, esta não se manterá assim por muito mais tempo.

A ação cuidadosamente pensada e concertada tem de se seguir ao reconhecimento do problema.

A comunicação e as ações praticadas pela empresa têm de ser dotadas de integridade. Quando não há consistência entre palavras e ações surge o cinismo. Uma vez sintonizados, os valores tornam-se mais fortes, sendo propagados por toda a organização.

A obstrução dos canais de distribuição com produtos que não foram vendidos decorre de uma cultura que empresta grande valor ao alcance de objetivos de curto prazo. Uma melhor abordagem seria a de compreender por que razão os clientes não estão a comprar o produto.

Recompensar os comportamentos que apoiam a cultura preferida

A cultura em forma premeia as ações em forma. As empresas celebram os valores e os métodos de trabalho que dão corpo à cultura. Para que uma empresa gorda fique em forma, os novos paradigmas culturais de alcançar a forma devem ser recompensados, e os que se revelam gordos, rejeitados.

Se o ficar em forma exige uma comunicação aberta, as pessoas detentoras da informação e de conhecimentos profundos, quer favoráveis quer desfavoráveis, devem ser recompensadas e não penalizadas. As más notícias são tratadas como um sinal de mudança e não como uma razão para matar.

A aceitação dos riscos não é punida. Os erros ajudam as pessoas a aprender e a melhorar. Isto pode tornar-se uma crença cultural.

CAPÍTULO 17:
Mudar os processos

A atualização dos processos requer consciencialização, discernimento e ação. Se a sobrevivência de uma empresa é ameaçada de imediato é urgente uma à tomada de consciência.

A tomada de consciência é um aspeto importante para a empresa gorda num ambiente favorável – a REGALADA. A última coisa em que ela pensa é privar-se das regalias do êxito. É preciso ter discernimento para saber como proceder. Porém, o discernimento não é suficiente. A empresa em forma é orientada para a ação e para a implementação vigorosa.

Consciência

A chave para a tomada de consciência é uma incansável autoavaliação. Será que os processos internos são necessários e produtivos?

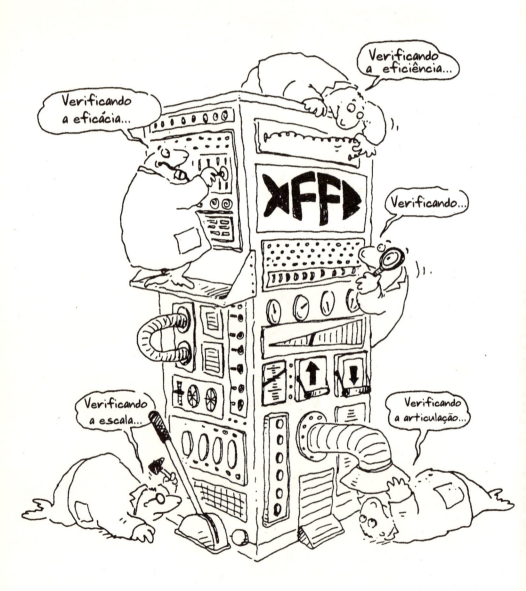

Não basta uma autoavaliação interna. A autoavaliação de uma empresa em forma inclui compreender e prestar atenção à evolução das necessidades dos clientes e às forças da envolvente.

Discernimento

A consciencialização sobre as oportunidades de melhoria tem de ser seguida pelo discernimento de modo a definir o melhor caminho para a ação. Alguns processos precisam de ser melhorados; outros, eliminados; e, outros, ainda, completamente repensados.

A reformulação de processos envolve, com frequência, a redução de custos, em que a ênfase é colocada na identificação e na eliminação das atividades e dos passos redundantes. Outras vezes é dado a um objeto de *output*, tal como um prazo.

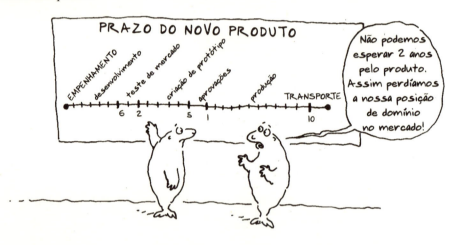

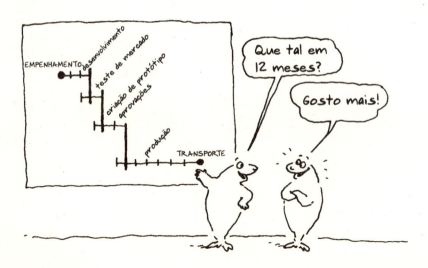

Por vezes, o processo é completamente desnecessário.

Outras vezes é necessária uma mudança de paradigma.

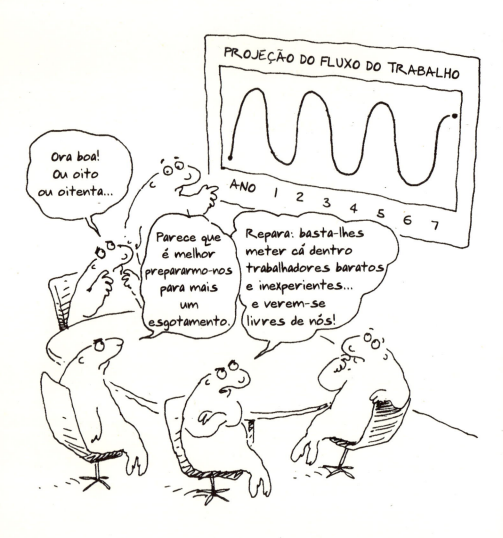

O foco no *output* – em mais, melhor ou diferente *output* – tem sido e continuará a ser terreno fértil para a inovação de processos.

As empresas descobriram o valor da redefinição de processos com vista à obtenção de ganhos de eficiência. As empresas em forma procurarão provavelmente obter melhorias de eficácia, no futuro.

Ação

O discernimento e a tomada de consciência de pouco servem sem ação. Um processo novo ou atualizado é desenhado com base no discernimento. Este é seguido pela ação. Uma implementação bem-sucedida requer a aceitação e o apoio dos participantes no processo.

Por vezes, basta olhar para o problema para perceber qual a ação necessária.

Uma implementação bem-sucedida vai muito além de um bom plano. O êxito é, na verdade, 10 por cento de inspiração e 90 por cento de implementação.

CAPÍTULO 18:
Mudar a empresa

A empresa em forma atualiza os seus processos, adapta a sua cultura e faz crescer as suas pessoas. Os processos são redefinidos visando a eficiência e a eficácia. Uma nova cultura é imaginada e depois criada através de palavras, ações e recompensas. As pessoas são selecionadas, desenvolvidas, recompensadas e organizadas. As ações diretas produzem consequências indiretas. Uma nova pessoa admitida na empresa para remodelar uma divisão enfraquecida irá, sem dúvida, produzir um impacto sobre a sua cultura, que por sua vez influenciará a da própria divisão.

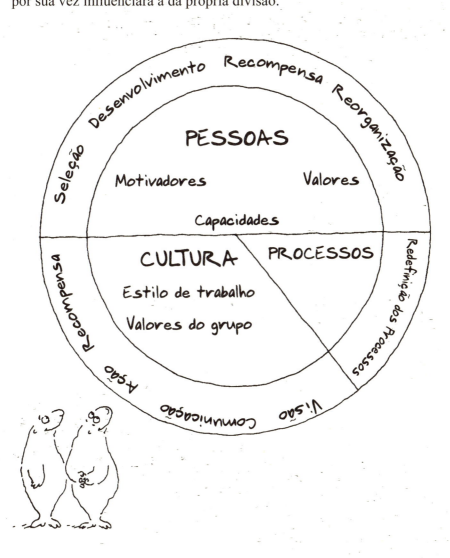

Existe uma relação entre a fonte de gordura e o agente de mudança considerado mais adequado para a eliminar.

Alguns agentes de mudança trabalham para os processos; outros, para as pessoas; e outros, ainda, para a cultura. Alguns são mais apropriados para uma mudança rápida, outros são melhores quando é pretendida uma melhoria contínua.

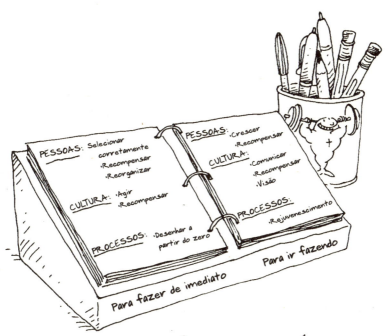

ACESSÓRIO DE SECRETÁRIA DO GESTOR EM FORMA

Aconselhamento para uma empresa ficar em forma

Todas as empresas, quer gordas quer em forma, precisam de adaptar-se continuamente para serem ajustadas no futuro. O tratamento antigordura e a sua urgência dependem do êxito da empresa e da envolvente na qual ela compete.

A DURONA, a REGALADA, a LUTADORA e a TEMEROSA enfrentam

DURONA, a empresa em forma numa envolvente favorável

REGALADA, a empresa gorda numa envolvente favorável

Na TEMEROSA, as pessoas que estão no topo precisam de mudar, a REGALADA necessita de ser renovada, Ela tem de tomar consciência dos possíveis perigos que vai enfrentar. A DURONA tem de continuar a fortalecer a sua cultura, a REGALADA tem de inverter a marcha. A LUTADORA, tendo pouca margem de erro, tem de concentrar-se em melhorar cada vez mais os seus processos.

LUTADORA, a empresa ajustada numa envolvente desfavorável

TEMEROSA, a empresa gorda numa envolvente desfavorável

Aconselhamento para a DURONA

A DURONA está numa posição invejável – em forma numa envolvente favorável. Não obstante, manter-se em forma pode ser mais difícil do que ficar em forma.

Os empregados criaram o êxito da DURONA. Ela foi bem-sucedida porque alinhou o sucesso do seu pessoal com o seu próprio sucesso. A DURONA mantém ao largo a ameaça-chave do crescente sentimento de direitos adquiridos, através da recompensa do trabalho duro e da proibição cultural do trabalho fácil. Quanto à outra ameaça – uma mudança drástica nos mercados ou na tecnologia – a DURONA enfrenta-a com uma cultura de inovação e de aceitação do risco.

Aconselhamento para a REGALADA

A REGALADA é uma empresa gorda numa envolvente favorável – tem êxito e provavelmente não tem consciência do perigo que se avizinha caso a envolvente mude. Existe muito pouco incentivo para que qualquer coisa seja mudada. As coisas vão bem, e todos tiram proveito dos benefícios da gordura. Esta alastra nas pessoas, na cultura e nos processos. É muito difícil eliminá-la, pois ela envolve os líderes e os que tomam as decisões na empresa. Só uma ameaça grave poderá avisar a REGALADA e evitar que ela escorregue para a situação da TEMEROSA. A REGALADA precisa da renovação, cuja necessidade é com frequência trazida à tona pela observação não corrompida de alguém que venha do exterior e que esteja no topo ou junto dele. O desafio consiste em ver a gordura naquilo que os empregados pensam ser os seus direitos.

Aconselhamento para a LUTADORA

A LUTADORA está em forma numa envolvente desfavorável. Nesta empresa, as pessoas e a cultura são fortes. A LUTADORA está sempre a melhorar os processos e a usar competências para dar forma às necessidades dos clientes e aos mercados do futuro. Ao mesmo tempo, antecipa as alterações da envolvente externa e adapta-se com a maior rapidez. Mas existe muito pouca margem para o erro. Não há gordura para cortar se as coisas correrem mal.

Aconselhamento para a TEMEROSA

A TEMEROSA é uma firma gorda numa envolvente desfavorável. Trata-se de uma empresa que precisa de uma transformação rápida. Para onde olhar em primeiro lugar? Para a gestão de topo. Foram estes gestores que atiraram a TEMEROSA para sua condição. Mas eles têm demasiados direitos adquiridos para que as mudanças drásticas necessárias sejam levadas a cabo. A mudança no topo é o primeiro passo na preparação de um novo caminho para a TEMEROSA, um percurso com uma nova cultura e novos processos.

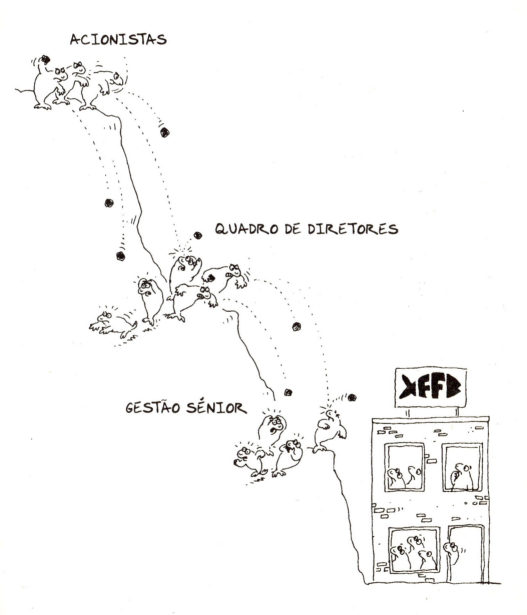

São as pessoas

Uma nova e elegante estratégia, uma nova estrutura que corresponda ao estado da arte, um processo redesenhado – tudo isto é útil para o alcance do êxito. Mas os processos, as estruturas e as estratégias dependem das pessoas. Os empregados de uma empresa conduzem ao seu sucesso ou ao seu falhanço. Criam e resolvem os problemas da empresa. Moldam diariamente a sua cultura e criam e adaptam continuamente os seus processos.

As pessoas fazem a empresa. Fazem-na ser bem-sucedida ou engordam-na. As pessoas põem em forma uma empresa gorda e mantêm elegante a empresa em forma.